Andreas Laudert   Die
vergessene
Lebensaufgabe

Andreas Laudert

Die vergessene Lebensaufgabe

Von Kafka zu Napoleon

Eine Spurensuche

Urachhaus

ISBN 978-3-8251-7750-8

Erschienen im Verlag Urachhaus
www.urachhaus.com

© 2011 Verlag Freies Geistesleben & Urachhaus GmbH, Stuttgart
Umschlaggestaltung: Ursula Weismann
Gesamtherstellung: AALEXX Buchproduktion GmbH, Großburgwedel

Inhalt

Zum 100. Jahrestag der Begegnung zwischen Franz Kafka
und Rudolf Steiner im März 1911.

Die vorliegende Studie zum Motiv der karmischen Lebensaufgabe
ist Teil einer größeren Untersuchung verschiedener Zeitsymptome
auf dem Feld von Kunst und Gesellschaft. Der Autor dankt dem
Bereich Forschungsförderung der Anthroposophischen Gesellschaft
in Deutschland für die Unterstützung seiner Arbeit.

Mitten in der Nacht bekam ich in meiner Hilflosigkeit einen förmlichen Irrsinnsanfall, die Vorstellungen ließen sich nicht mehr beherrschen, alles ging auseinander, bis mir in der größten Not die Vorstellung eines schwarzen napoleonischen Feldherrenhutes zu Hilfe kam, der sich über mein Bewusstsein stülpte und es mit Gewalt zusammenhielt. Dabei klopfte das Herz geradezu prächtig, und ich warf die Decke ab, trotzdem das Fenster vollständig offen und die Nacht ziemlich kühl war.

Franz Kafka, Brief an Felice Bauer, 6. August 1913

Er sprach immer wieder von der Wärme und Leben spendenden Sonne und bestand darauf, dass man sein Fenster öffnete ... Während sein Bett gemacht wurde, sagte er: »Guten Morgen, Sonne! Guten Morgen, Sonne, meine Freundin!« Oder er nickte ihr schweigend einen Gruß zu.

Vincent Cronin, Napoleon, XXVII. Kapitel (Das Ende)

Wie lächerlich und weltfremd ist der, der sich über irgendetwas wundert, was im Leben vorkommt.

Marc Aurel

Vorwort

Junger Mensch irgendwo, in dem etwas aufsteigt, was ihn er-
schauern macht, nütz es, dass dich keiner kennt. ... Und wenn
die Zeit geht und du merkst, wie dein Name herumkommt unter
den Leuten, nimm ihn nicht ernster als alles, was du in ihrem
Munde findest. Denk: er ist schlecht geworden, und tu ihn ab.
Nimm einen andern an, irgendeinen, damit Gott dich rufen kann
in der Nacht. Und verbirg ihn vor allen.

Rainer Maria Rilke, Die Aufzeichnungen des Malte Laurids Brigge

Wenn das Buch, das wir lesen, uns nicht mit einem Faustschlag
auf den Schädel weckt, wozu lesen wir dann das Buch?...Wir
brauchen ... Bücher, die auf uns wirken wie ein Unglück, das uns
... schmerzt, wie der Tod eines, den wir lieber hatten als uns, wie
wenn wir in Wälder verstoßen würden, von allen Menschen weg,
wie ein Selbstmord, ein Buch muss die Axt sein für das gefrorene
Meer in uns.

Franz Kafka, Brief an Oskar Pollak, 17. Januar 1904

Diesem Buch liegt die Vertrautheit mit Grundgedanken der Anthroposophie Rudolf Steiners (1861–1925) zugrunde, der ich als Autor
und Dramatiker Mitte der 90er Jahre während des Studiums an der
Berliner Universität der Künste begegnet bin. Zumindest Vorurteils-
losigkeit diesen Gedanken gegenüber, so ungewohnt sie sein mögen,
setzt der Essay beim Leser voraus.
Zwischen Kunst und Dichtung auf der einen und Spiritualität und
Religion (und auch Politik) auf der anderen Seite herrschte immer ein
Spannungsverhältnis; nicht zuletzt Kafka war dies schmerzlich bewusst. Die Spannung kann nicht einfach geleugnet werden und viel-

leicht auch niemals ganz aufgelöst, aber sie kann produktiv gemacht werden. Am ehesten eignet sich dafür die essayistische Form, der – wie das Wort besagt – Versuch. Das vorliegende Buch, ein relativ weitgehender, ist also nicht von einem Historiker oder Literaturwissenschaftler geschrieben worden, sondern von einem Schriftsteller. Die akademische Forschung, die gewöhnlich für sich in Anspruch nimmt, ebenso neugierig wie im Urteil vorsichtig zu sein, vermag es hoffentlich so anzunehmen. Auf ein Pseudonym, etwa zur Abgrenzung von anderen Publikationen, wurde verzichtet; alles Erschriebene ist Teil *einer* Entwicklung.

In den Jahren um 1911 begann Rudolf Steiner einen radikal neuen Zugang zum Wesen des »Christus« zu formulieren. Fernab von hochdifferenzierten theologisch-intellektuellen Erörterungen, fernab auch von dogmatischen Glaubensvorgaben beschreibt Steiner den Menschensohn konsequent als die Ich-Qualität im Menschen. Wie auch immer man ansonsten zu seiner Anthroposophie (oder, als Atheist oder Agnostiker, zu der Vokabel »Christus«) stehen mag: Das eigentlich und substanziell Neue und Überraschende dieser modernen Geisteswissenschaft ist hier zu finden. Die *parusia*, der »wiederkommende«, »vergegenwärtigte« oder »ätherische« Christus ist die schaffende, formgebende Lebenskraft im individuellen biografischen Werden; erst in der eigenen Ich-Entwicklung nimmt Christus Gestalt an. Dieser evolutionäre Sprung im Verhältnis der Menschheit zum Göttlich-Geistigen auf eine Stufe wachsenden Zusammenwirkens löst die abstrakten konfessionellen Diskurse und Christus-Vorstellungen der Vergangenheit ab.

Der Christus-Begriff der Anthroposophie ist allerdings nicht davor gefeit, selbst wiederum zu theoretisch zu werden, eine bloße Behauptung, etwas Starres. Die Stunde der Wahrheit des jeweils eigenen Verhältnisses zu »Christus«, auch desjenigen zu Rudolf Steiner selbst, schlägt in der konkreten Lebenswirklichkeit. Anthroposophie, so verstanden, ist nicht Werk, sondern immer Wirkung, ist nicht Dogma, sondern Leben, ist nicht Theorie, die umgesetzt oder angewandt wird, sondern *ist* als Geist unmittelbar Praxis.

Somit wäre eine in diesem Sinne »durchchristete« Geisteswissenschaft kein Haus, in das man einzieht, kein Inhalt oder Besitz, den man »hat«, sondern die Fähigkeit (und Aufgabe), selbst Aufgebautes gegebenenfalls sogar wieder zu zerstören. Ein anthroposophisches und damit freies Verhältnis zu entwickeln zu Steiner als dem Schöpfer der Anthroposophie würde bedeuten, unbehaust und unabhängig zu sein und seinen Lebenssinn darin zu sehen, wo immer es nottut, Erwecker, Begleiter und Förderer von menschlichen Entwicklungsprozessen zu sein.

Vor diesem Hintergrund befasst sich die vorliegende Arbeit mit zwei Schicksalen, die, nicht unmittelbar, aber indirekt, mit der Sehnsucht nach Christus-Wirksamkeit in der eigenen Biografie zu tun haben. Der Essay möchte damit auf seine Art das spezielle geistige Vermächtnis der sogenannten Karma-Vorträge aufgreifen, das Steiner in seinem letzten Lebensjahr hinterlassen hat. Waren deren Adressaten auch der Kreis der Anthroposophen im engeren Sinne, so mögen grundsätzlich doch alle Menschen mit gemeint gewesen sein, auch die Peripherie der Bewegung und interessierte Zeitgenossen.

Klingberg/Ostsee, März 2011   *Andreas Laudert*

Einleitung

Der irgendwie auf Erden ausersehen ist ..., einem anderen Wesen die Richtung zu geben, ist der Herr. Aber wie lange ... bedarf
es ... auf der Erde ... der Gebote äußerer Geistes-Herren ...? Bis
zu dem Zeitpunkt, wo der Christus mit dem Namen, den er nur
selber versteht, den Menschen innewohnt. Dann wird jeder auch
dem Christus in seinem eigenen Wesen, in seiner eigenen Seele
folgen können ... Dann wird der Herr der Herren, der König der
Könige in jedem einzelnen wohnen ... [Das] ist die Zeit, in der wir
selber jetzt leben, und ... dass wir in ihr leben, [ist nur] verhüllt
dadurch, dass die Menschen fortfahren, in alten Bahnen zu leben
und ... soviel als möglich verleugnen diese Christus-Innewohnung
... auf allen Gebieten soviel als möglich verleugnen.

Rudolf Steiner am 14. September 1924

Das Verhältnis zum Göttlichen entzieht sich zunächst ... jeder
fremden Beurteilung, vielleicht so sehr, dass selbst Jesus nicht urteilen dürfte, wie weit derjenige gekommen ist, der ihm nachfolgt.

Franz Kafka, Brief an Max Brod vom März 1918

Die Persönlichkeit Napoleon Bonapartes stellt ein sehr spezielles
Menschheitsrätsel dar. Hier wird sie mit den Augen eines Dichters
betrachtet – allerdings nicht in der Weise, dass nur feinsinnige allgemeine Äußerungen zusammengestellt werden, die Franz Kafka zu
Napoleon getan hat. Vielmehr lassen sich in dessen Werk Spuren
eines inneren Erlebens, eines ständigen Sich-Beziehens auf den französischen Kaiser auffinden. Diese Tatsache ist umso überraschender,
als Kafkas Leben demjenigen Napoleons vordergründig ganz fremd
erscheinen muss.

Dass Kafka für die Literaturwissenschaft ein ähnlich herausstechendes (und unerschöpfliches) Phänomen darstellt wie Napoleon für die Historiker – und die Wissenschaften stehen hier ja nur stellvertretend für die Umwelt und Nachwelt und die Menschheit als ganze –, haben der um die Schwelle vom 18. zum 19. Jahrhundert wirkende Napoleon und der um die Schwelle des 19. zum 20. wirkende Kafka nicht zufällig gemeinsam. Ziel der bewusst essayistisch gehaltenen Spurensuche ist weniger, dieses Rätsel endgültig zu »lösen«, als vielmehr an einem bestimmten Punkt *als* Rätsel zu erhellen.

Im Sinne der Eingangsworte ist damit die Hoffnung verbunden, anhand der Beziehung zwischen Kafka und Napoleon auch etwas zu verstehen, was jeden Einzelnen angeht. Im Zentrum steht das Verhältnis der menschlichen Identität oder Lebensaufgabe zum Gefühl der Schuld – der Angst, sich selber gleichsam zu versäumen.

»Was uns umtreibt, ist die schizophrene Panik davor, unser Leben falsch zu leben. Wir sind besessen von der Vorstellung, etwas zu verpassen. Gleichzeitig haben wir Angst, nie irgendwo anzukommen und einsam zu enden … Welches ist die eine, richtige Version unserer selbst? Wir verfluchen das Schicksal dafür, dass es uns bei diesen Fragen keine Stütze mehr ist. In unserem Film sind wir die alleinigen Darsteller. Das Versprechen … lautet: Alles ist möglich. Und der Fluch: Alles ist möglich.«
So charakterisierte eine 27-jährige Autorin in einem Feuilleton-Beitrag für »Die Zeit« das Lebensgefühl ihrer Generation.[1] Insofern mag die vorliegende Studie den Leser indirekt auch zu der Frage anregen: Was ist eigentlich *deine* Lebensaufgabe? Bist du ihr treu? Verbarg sie sich bislang in deinem Leben?
Napoleon stand seiner Mission fast naiv gegenüber: Er war von ihr ganz und gar überzeugt – und damit von sich selbst – und widmete sich ihr mit eben der Willenskraft, die ihm eigen war. Dabei lud er Schuld auf sich, denn er funktionalisierte zahlreiche Menschen und Völker für seine Zwecke.

Kafka wiederum hat lebenslang mit seiner Lebensaufgabe gerungen. Er traute sich nicht, seine Persönlichkeit und ihre Impulse und Talente voll zu entfalten – was erklärtermaßen Napoleons Auffassung vom Sinn des Lebens war. Napoleon trat mächtig hervor; Kafka verbarg sich, ohnmächtig, seine Biografie aktiv zu gestalten.

Doch hier stellen sich Fragen. Was ist eigentlich mit einer Lebensaufgabe gemeint? Kann man auch mehrere haben, kann man seine Aufgabe auch ablehnen, kann man sie in seinem Leben gerade dadurch erfüllen, dass man sie versäumt (indem man also einen Umweg geht), kann sie sich verändern, und wer stellt(e) sie einem überhaupt?

Es finden sich Gegenbewegungen in Napoleons wie auch Kafkas Leben. Seelisch waren Kafka die Phantasien des Herrschens nicht unvertraut. Bei Napoleon wiederum muss der Blick auf seine letzten Lebensjahre gelenkt werden, die er in vollständigem Gegensatz zu seinen vorangegangenen verbrachte.

Angesichts der Fülle der Veröffentlichungen und – auch in der Anthroposophie wurzelnder – Meinungen sowohl zu Napoleon als auch zu Kafka kann sich diese Studie nur rechtfertigen durch eine besondere Perspektive und Zusammenschau, also durch einen neuen Blickwinkel. Dieser Blickwinkel ist der folgende:

Es ist eine mündliche Äußerung Rudolf Steiners überliefert[2], wonach im Falle der Individualität Napoleons, also seiner Entelechie, etwas sehr Seltenes und auch Tragisches geschehen sei, nämlich, dass diese Individualität im Augenblick der Inkarnation ihre »Mission«, ihre Lebensaufgabe, wie »vergessen« habe. Diese Äußerung Steiners wurde zwar gelegentlich aufgegriffen. Wohl da sie nur mündlich überliefert worden ist, wenn auch durch als zuverlässig geltende Quellen, tritt sie nur selten in der anthroposophischen, geschweige denn in der akademischen oder populärwissenschaftlichen Diskussion hervor. Bekannter mag die Äußerung aus einem Vortrag vom Oktober 1918 sein, er habe Napoleons Seele bei seinen geistigen Forschungen nicht finden können, denn sie sei wohl nicht da – ein Hinweis, den man natürlich sehr verschieden auffassen kann. Weiter sagte Steiner in Gesprächen, jene Mission Napoleons habe im Wesentlichen darin bestanden, innerhalb Mitteleuropas eine spirituell einende Rolle zu spielen. Napoleon habe diesen Auftrag gewissermaßen missverstanden und Europa in der bekannten Weise politisch-militärisch unter seiner Herrschaft zusammenzwingen wollen. Eigentlich habe seine Individualität sogar einige Jahrhunderte später erst erscheinen und sich dieser spirituellen Aufgabe widmen sollen. Napoleon habe aber nicht warten können. Er sei zu früh gekommen. Die spätere Verbannung bis an sein Lebensende und die damit verbundenen gezielten Schikanen haben außerdem von Seiten bestimmter Gegner verhindern sollen, dass ihm oder gar dem einzigen Sohn der wahre »Ur-Auftrag« nicht noch einfiele.

Die Verbannung Napoleons auf der Insel St. Helena wurde 1815 beschlossen und dauerte bis zu seinem Tod 1821.

In den Jahren 1915 bis 1920 setzt bei dem zu Lebzeiten weitgehend unbekannten Schriftsteller und Versicherungsjuristen Franz Kafka, wie die Germanistik nachwies, verstärkt das Nachdenken über eine höhere Berufung ein. Ausgangspunkt bei Kafka war, völlig fern irgendwelcher konkreter politischer Ambitionen, zunächst stets sein Schreiben, die Literatur. Sie betrachtete er wortwörtlich als seine Mission, seine Existenz, als das Einzige, was er leisten, wo er irgendwie etwas »nutzen« könne – so sagt er beispielsweise in einem Gespräch mit Rudolf Steiner im März 1911, der einzigen Begegnung Kafkas mit Steiner und der Anthroposophie.[3] Zu dieser Begegnung hat sich Steiner nie geäußert.

Kafka hatte jedoch zuletzt ein gebrochenes Verhältnis zu seinem Schriftstellertum. Dem Herausgeber Malcolm Pasley fiel auf:[4]

»… Kafka … scheint sich in der Tat immer mehr davon überzeugt zu haben, dass – sollte er überhaupt befähigt sein, etwas Bedeutsames in der Welt zu bewirken – dieses erst nachträglich geschehen könnte …, dass er möglicherweise dazu berufen sei … an einer großen geistigen Umwälzung teilzuhaben oder besser: eine große geistige Umwälzung vorbereiten zu helfen.«

Diese Vorstellung Kafkas, eine »geradezu messianische Aufgabe« zu haben, würde wiederum in dem Moment, da der *Mensch* darüber nachdenkt, vom *Schriftsteller* selbstironisch im »Schloß-Roman« »durch die Geschichte des Landvermessers K. entlarvt«, und zwar, so Pasley, »als der böse Irrtum eines geistigen Machtpolitikers«.

Hinzu kommt aber noch dieses: Wenn Kafka in seinen in dieser Zeit entstehenden Texten Protagonisten schildert, die zu etwas berufen sind, ist dies häufig verbunden mit dem Problem, dass diese Berufung entweder unklar, ein Missverständnis oder eine Verwechslung ist. In dem Maße, wie der Betreffende, etwa der Landvermesser K. im letzten Roman »Das Schloß«, seine Berufung beziehungsweise die Selbst- und Anerkenntnis dieser Berufung erzwingen will, entsteht Schuld. Der Held scheitert und wird zum Ausgestoßenen. Der öffentliche Kampf *gegen die Welt* – um die eigene Aufgabe und Identität – scheint nur das Gegenbild zu sein einer positiven *inneren* Aufgabe, die nicht erkannt, nicht erfüllt oder die aufgeschoben wurde.

Im Schlusskapitel einer neueren Einführung zu Kafka (»Franz Kafka – Leben und Schreiben«, Darmstadt 2009) charakterisiert Ritchie Robertson Kafkas religiös-spirituelle Grundeinstellung mehrmals als »ethischen Individualismus«, ohne deutlich zu machen, ob ihm die begriffliche Entsprechung zu Steiners »Philosophie der Freiheit« bewusst ist. Robertson beschreibt Kafkas Problematik und Kafkas daraus resultierende Selbsterkenntnis im Fortgang so:

»Wenn jemand sich von seinem eigenen Selbst entfremdet hat, kann es sein, dass dieses Selbst, von dem man entfremdet ist, mit der Welt im Bunde ist … insofern die Entfremdung das Bewusstsein und den Körper voneinander scheidet … Man muss vielmehr einen spirituellen Tod auf sich nehmen; die einzige Entwicklung, die Kafka in der Geschichte der Menschheit sieht, ist die Entwicklung einer spirituellen Kraft.« Für Kafka höbe »der von allen gemeinsam getragene Entwicklungsprozess die Isolation des Individuums auf«:

»Das unpersönliche Göttliche Kafkas, das Unzerstörbare, ist in jedem menschlichen Wesen verborgen. Es ist die Aufgabe der Menschheit, die Verbindung zu dieser unvergänglichen Essenz herzustellen; wenn jeder an dieser Aufgabe mitwirkt, wird das Leben des Menschen verwandelt werden.« An anderer Stelle:

»Eine Person, die ihren wahren Charakter bewahrt hat … erregt die Aufmerksamkeit von Engeln und Dämonen, weil sie Möglichkeiten des extrem Guten wie des extrem Bösen eröffnet.«
Der Autor schreibt Kafkas Selbsterkenntnis eine allgemeine bewusstseinsgeschichtliche Relevanz zu. Und doch scheint hier etwas freigelegt zu werden von einer speziellen persönlichen Aufgabe Kafkas.

Bestand *Napoleons* Verwechslung, so wäre zu fragen, gerade darin, dass er für jenes spirituelle Ziel ausschließlich sich selbst als Persönlichkeit, als machtvolles Ego, für auserwählt hielt und den vermeintlichen Auftrag auf der *irdisch-physischen Willensebene* – wenigstens bis zu dem inselhaften Zurückgeworfensein auf sich selbst – dementsprechend konsequent realisierte, während *Kafka* den *zum seelischen Hindernis gewordenen* Irrtum erleidet, ihn in seinem dunklen, unbegreiflichen literarischen Werk darstellt und erst in den letzten Lebensjahren anfänglich zu korrigieren beginnt? Der dritte Schritt in dieser Denkmöglichkeit bestünde für den Betreffenden demnach *im geistigen Erkennen* des eigenen Schicksals und in einem radikalen Neuaufbau des eigenen Ich *aus* dem Ich, um vielleicht zu einem späteren, übernächsten Zeitpunkt an der versäumten oder aufgeschobenen Aufgabe wieder anzuknüpfen.
Pasley hat dargelegt, dass Kafkas 1915 einsetzende »Erforschung des Themas der spirituellen Berufung« immer wieder verbunden sei mit der »Vorstellung eines universellen Feldzugs« und mit dem Motiv von »Grenzkämpfe(n)« und »militärische(n) Feldzüge(n)«, und merkt an, die Einberufungen zu Feldzügen und die Aufrufe, »eine heilende und reinigende Aufgabe zu erfüllen«, seien »Teile desselben Musters.«
Um diese Zeit – genau hundert Jahre nach dem Beginn der Verbannung Napoleons auf St. Helena – weiche, so Pasley, das Hauptthema von Kafkas Frühwerk, nämlich die Schuld, »dem Thema der Verantwortung für eine hohe geistige Aufgabe«, und bei diesem Thema spielten offenkundig »Zweifel an der Gültigkeit einer Berufung« eine zentrale Rolle.

20

Das Motiv der vergessenen oder unklaren Mission bildet die Folie für den nachfolgenden Essay. Die hier einleitend umrissenen gedanklichen Linien werden, nicht allzu systematisch, nachgezogen, vertieft und um weitere Aspekte bereichert.

Der I. Teil greift die oben angedeutete Fragestellung noch einmal grundlegend auf und fügt menschenkundliche Gesichtspunkte hinzu.

Der II. Teil nimmt Kafkas Erzählung »Das Urteil« zum Ausgangspunkt weiterer Fragen, beispielsweise zu Napoleons »Karriereknick« nach dem Russland-Feldzug.

Der III. Teil widmet sich vor allem anhand des Romanfragments »Das Schloß« und der Türhüterlegende »Vor dem Gesetz« erneut dem Hauptmotiv der individuellen Mission und weist in die Zukunft eines spirituell-evolutionären Christentums. Als nicht institutionalisierbares reines Menschentum im Sozialen verwirklicht, bietet es für die Schicksale Napoleons und Kafkas eine Perspektive der Erlösung.

Die Phänomene sollen dabei jeweils möglichst viel für sich sprechen. Daher werden private Äußerungen von oder über Napoleon und Kafka, Werkauszüge sowie Aussagen Steiners gelegentlich unkommentiert nebeneinandergestellt. – Ein Ausblick fasst die Spurensuche zusammen.

Ich habe einmal im Kreis junger Studenten bei einem Tischgespräch ohne weitere Erläuterungen folgende Frage gestellt:
Wenn Rudolf Steiner über eine Seele sagt, dass er sie bei seinen Nachforschungen in der geistigen Welt nicht finden könne – unter anderem hat er dies im Sommer 1918 in Prag in Bezug auf Napoleon gesprächsweise mitgeteilt[5] – welche Gründe kann dies haben, welche Möglichkeiten bestehen dann?
Die spontanen Antworten der Anwesenden gingen alle in eine Richtung: Wenn diese Seele nicht in der geistigen Welt sei, dann sei sie wieder inkarniert auf der Erde.

Es ist nicht Trägheit, böser Wille, Ungeschicklichkeit – wenn auch von alledem etwas dabei ist – welche mir alles misslingen oder nicht einmal misslingen lassen: Familienleben, Freundschaft, Ehe, Beruf, Literatur, sondern es ist der Mangel des Bodens, der Luft, des Gebotes. Diese zu schaffen ist meine Aufgabe, nicht damit ich dann das Versäumte etwa nachholen kann, sondern damit ich nichts versäumt habe, denn die Aufgabe ist so gut wie eine andere. Es ist sogar die ursprünglichste Aufgabe oder zumindest ihr Abglanz, so wie man beim Ersteigen einer luftdünnen Höhe plötzlich in den Schein der fernen Sonne treten kann. Es ist das auch keine ausnahmsweise Aufgabe, sie ist gewiss schon oft gestellt worden. Ob allerdings in solchem Ausmaß, weiß ich nicht. Ich habe von den Erfordernissen des Lebens gar nichts mitgebracht, so viel ich weiß, sondern nur die allgemeine menschliche Schwäche. Mit dieser – in dieser Hinsicht ist es eine riesenhafte Kraft – habe ich das Negative meiner Zeit, die mir ja sehr nahe ist, die ich nie zu bekämpfen, sondern gewissermaßen zu vertreten das Recht habe, kräftig aufgenommen. An dem geringen Positiven sowie an dem äußersten, zum Positiven umkippenden Negativen, hatte ich keinen ererbten Anteil. Ich bin nicht von der allerdings schon schwer sinkenden Hand des Christentums ins Leben geführt worden … und habe nicht den letzten Zipfel des davonfliegenden jüdischen Gebetsmantels noch gefangen … Ich bin Ende oder Anfang.

Franz Kafka, Tagebuch 25. Februar 1918

I. Die zwei Uhren

Wer fühlt sich denn nicht »krank, schuldbewusst, ohnmächtig« im Kampf mit seiner Aufgabe oder vielmehr als Aufgabe die sich selbst löst? Wer kann erlösen, ohne dass er gleichzeitig erlöst würde?

Franz Kafka, Brief an Max Brod vom 4. Dezember 1917

Wo war der Richter den er nie gesehen hatte? Wo war das hohe Gericht bis zu dem er nie gekommen war?

Franz Kafka, »Der Prozess«

Wer hat ihn gehört, welches Gericht ihn verurteilt? Wie lautet der Richterspruch? Wer sind die Richter?

Las Cases, Tagebuch von St. Helena, 2. Band I
Leipzig 1899, Oktober 1818

Du bist die Aufgabe. Kein Schüler weit und breit.

Franz Kafka, Aphorismen

1

Daher ist es ... wichtig, dass ... der Mensch sich über Geburt und Tod ... im Sinne der wiederholten Erdenleben ... aufklärt ... Geradeso, wie Geburt und Tod von innen nach außen gegangen sind im menschlichen Anschauen, so muss der Mensch wiederum etwas entwickeln in seinem Innern ... was im sechsten Zeitalter, das ... im vierten Jahrtausend beginnt, wiederum nach außen gehen wird. Und das ist das Böse. Das Böse wird im Innern des Menschen entwickelt im fünften nachatlantischen Zeitalter, muss nach außen strahlen und im Äußeren erlebt werden im sechsten Zeitraume so wie Geburt und Tod im fünften Zeitraume. Das Böse soll innerlich in den Menschen sich entwickeln ... So wird aus dem Bösen heraus auf eine sonderbare, paradoxe Art die Menschheit ... zu der Erneuerung des Mysteriums von Golgatha geführt. Durch das Erleben des Bösen wird zustandegebracht, dass der Christus wieder erscheinen kann, wie er durch den Tod im vierten nachatlantischen Zeitalter erschienen ist.

Rudolf Steiner am 25. Oktober 1918 in Dornach

Poseidon war überdrüssig seiner Meere. Der Dreizack entfiel ihm. Still saß er an felsiger Küste und eine von seiner Gegenwart betäubte Möwe zog schwankende Kreise um sein Haupt.

Franz Kafka, Fragment (Oktavheft H)

Ich schicke meinen angekleideten Körper nur ... ich lisple eine kleine Zahl Worte, das sind Anordnungen an meinen traurigen Körper ... Bald bin ich fertig, er verbeugt sich, er geht ... und alles wird er aufs beste vollführen, während ich ruhe.

Franz Kafka, »Hochzeitsvorbereitungen auf dem Lande« (Fassung A)

Im Folgenden werden drei Auffälligkeiten von Kafkas Werk miteinander in Verbindung gebracht und unter einem bestimmten Aspekt beleuchtet.

Die erste Auffälligkeit ist von der Forschung vielfach thematisiert worden und besteht darin, dass sich hinter der zurückhaltenden und oft als liebenswürdig beschriebenen äußeren Gestalt des Schriftstellers offenbar eine innere verbarg, die aus aggressiven Spannungen und auch aus Egoismen bestand und die immerzu in Kategorien von Herrschen und Dienen dachte. Diese intime Gestalt dokumentierte sich nicht nur in den großen Romanfragmenten oder den bekannten Erzählungen, sondern vor allem auch in den vielen zerstreuten Fragmenten und in Briefen. Hierbei ist zu beachten, dass Kafka die Kampf-Metaphorik häufig als Folie für innerseelische Zustände, geradezu als literarisches Heizmaterial gebrauchte. »Natürlich kämpft jeder«, heißt es in einem Fragment aus den »Schriften aus dem Nachlass«, »aber ich kämpfe mehr als andere … Warum habe ich die Aufmerksamkeit auf mich gelenkt? Warum stehe ich jetzt auf der ersten Liste des Feindes?«

Es läge hier nahe, vulgär zu psychologisieren in dem Sinne: Wer nach außen so gehemmt erscheint, ist innerlich ja meistens voller unterdrückter Energien und Wünsche! – oder, diesen Zug Kafkas mithilfe der Psychoanalyse zu deuten (der Kafka äußerst skeptisch gegenüberstand). Da diese Untersuchung jedoch die Möglichkeiten der anthroposophischen Geisteswissenschaft geltend machen möchte, können wir uns damit nicht zufriedengeben und knüpfen vielmehr an die 1999 erschienenen »Erkundungen im Schacht von Babel« von Hans Paul Fiechter an.

Dort wurde »Das Rätsel Kafka« erstmals profund im Lichte des Gedankens von Karma und Wiederverkörperung betrachtet, der in der gesellschaftlichen Gegenwart längst kein exotisches Tabuthema mehr darstellt: Nicht nur durchzieht er (auf oft platte Weise) die Populärkultur, er wird auch bezeichnenderweise gerade vom Kino, dessen Anfänge Kafka mit brennendem Interesse verfolgte, ernsthaft und oft mit Gewinn aufgegriffen.

Fiechter legt überzeugend dar, dass sich in der skizzierten inneren Gestalt Kafkas möglicherweise die Wirkung einer noch unbewältigten zurückliegenden Inkarnation ausspricht.[6] Demnach hat sich die Individualität, die in Franz Kafka steckt, in der Vergangenheit so extrem schuldhaft verstrickt, dass die Folgen dieser Taten zum einen im danach folgenden Leben als Bilder im eigenen Schreiben verschlüsselt wieder auftauchen und zum anderen das alltägliche Handeln von einer ständigen unbewussten Vorsicht und Angst geprägt ist, nicht wieder in das Alte zu verfallen, nicht wieder als Herrschender über andere, als die Grenzen der Umwelt verletzendes Selbst zu agieren, sondern als Beherrscher seiner selbst, als Ich.

Die eigene Interessendurchsetzung, namentlich im Literaturbetrieb, war bei Kafka völlig gehemmt. Er sei »niemals ein Mensch gewesen, der etwas um jeden Preis durchsetzt«, heißt es in einem Brief an Max Brod vom 22. Juli 1912. Stattdessen gibt sich das Ich äußerlich, insbesondere im Beruf des Beamten einer sozialen Versicherungsanstalt, den Interessen der anderen hin, kann sich dabei aber insgesamt *selbst* schwer abgrenzen – und leidet darunter: als lebe genauso eine nicht erfüllte Schicksals-Aufgabe im Bereich einer *positiven* Führerschaft in seiner Seele. Das schlechte Gewissen ist also doppelt: ›Ich soll meine Impulse einbringen bzw. durchsetzen – ich soll sie zurückhalten. Ich soll sie zurückhalten, weil ich den Führungsanspruch sehr leicht *falsch* geltend mache.‹

Dass Kafka von Zeitgenossen als eine verborgene Autorität wahrgenommen wurde, die durchaus einen besonderen Respekt für sich verlangte, ist vielfach bezeugt: so von Max Brod, seinen Schwestern oder den Freunden am Lebensende, Dora Dymant und Robert Klopstock. Der Schriftsteller Max Pulver wiederum charakterisiert Kafka in Hans-Gerd Kochs lesenswertem Band »Erinnerungen an Franz Kafka« (»›Als Kafka mir entgegenkam ... ‹«, Verlag Klaus Wagenbach, Berlin 1995) als einen »Richter des inneren Menschen«:

»... ein merkwürdiges Prestige lag in seinem Trotz, in seinem Sich-nicht-ganz-zeigen-Wollen, in seiner Verachtung der Autorität gegenüber. Das Prestige der Unerbittlichkeit, ihre werbende Kraft, aber auch die geheime Angst seines Gegenübers ... vor dieser Unerbittlichkeit nicht zu bestehen.«

Nicht zuletzt Kafkas Todesantlitz gab den Blick darauf frei: als »streng und königlich« wurde es empfunden.

Die zweite Auffälligkeit in Kafkas schriftlichem Werk mag nach dem Vorangegangenen zunächst nicht verwundern: nämlich eine akribische Auseinandersetzung mit menschlicher Schuld, Sünde und dem Bösen. Sie schlägt sich jedoch weniger in bloß intellektualistischen Reflexionen nieder, sondern ist bei diesem Autor immer existenziell, ja wesenhaft bestimmt: Wiederholt ist wörtlich von »Teuflischem« die Rede, von Geistern und Gespenstern und von zwei Richtungen und Neigungen im eigenen Wesen, zwischen denen sich das Subjekt behaupten muss und manchmal nicht mehr behaupten kann. So hängt damit auch die Frage der Wahrheit der eigenen Identität und der Authentizität der eigenen Willensimpulse zusammen. Die Faszination, die von Franz Kafkas Werk und Biografie ausgeht, gründet auch in etwas »Unheimlichem«. Es ist, als wirke um ihn eine Anziehungskraft, die er zugleich jedoch zurückhielt, die anderen Menschen nicht heimatlich anmutete, und die über die Persönlichkeit Kafkas hinauszureichen und in tieferen Schichten zu wurzeln scheint.

Damit wird die dritte Auffälligkeit berührt, die mit den beiden anderen in Beziehung steht und auch schon ausgesprochen wurde: die große Willensproblematik, die Kafka an sich bemerkte und die den Leidensdruck ausmachte. Er beschrieb es selber des Öfteren als ein Nicht-Leben, als ein an seinem eigenen Ich Vorbei-Leben, wie einen Fluch, ein Schicksal, gegen das er nichts tun kann, als habe er sein »Haus« verlassen und es damit »bösen Mächten« übergeben, wie er in einem langen, oft zitierten Brief an Max Brod vom Juli 1922 schrieb – in welchem es außerdem heißt, »Selbstvergessenheit – nicht Wachheit« sei »die erste Voraussetzung des Schriftstellertums«. »Manchmal scheint es so«, lesen wir am 15.9.1920: »Du hast diese Aufgabe, hast zu ihrer Ausführung soviel Kräfte als nötig sind (nicht zu viel, nicht zu wenig, Du musst sie zwar zusammenhalten, aber nicht ängstlich sein), Zeit ist Dir genügend frei gelassen, den guten Willen zur Arbeit hast Du auch. Wo ist das Hindernis für das Gelingen der ungeheuren Aufgabe? Verbringe nicht die Zeit mit dem Suchen des Hindernisses, vielleicht ist keines da.«

Nimmt man die entsprechenden Stellen in seinem Tagebuch ernst, drängt sich die Frage auf, ob hier nicht die drei menschlichen Wesensglieder Leib, Seele und Geist in einer besonderen Weise dissoziiert waren und aus ihrem Zusammenhang gerissen wurden und ob hier nicht der eigentliche Schmerz Kafkas verborgen liegt.

Im Oktober 1917 führt Rudolf Steiner in einem Vortrag in Anknüpfung an die Prädestinationslehre des Augustinus aus:[7]

»Und immer weniger werden in der Erdenentwickelung die Menschen in der Lage sein, ihre Seelenentwickelung ganz parallel zu der Leibesentwickelung zu nehmen. Warum sollte es nicht sein können, dass eine Individualität sich verleiblicht in einem Körper, der nach seiner ganzen Konstitution zum Bösen bestimmt ist? Der Mensch kann ja trotzdem drinnen gut sein, weil die Individualität nicht mehr in einem intimen Zusammenhang mit der Körperlichkeit ist ... Wenn man heute die Menschen betrachtet nach dem, was sie äußerlich sind, hat man *ein* Bild. Wenn man die Menschen betrachtet, was sie nicht unmittelbar äußerlich sind, hat man das *andere* Bild. Diese Bilder stimmen heute schon nicht miteinander überein und werden immer weniger miteinander übereinstimmen.«

»Ich kann«, schreibt Kafka am 24. Januar 1922 im Tagebuch, »so sehr mich die Entwicklung zu widerlegen scheint und so sehr es überhaupt meinem Wesen widerspricht so zu denken, auf keine Weise zugeben, dass die ersten Anfänge meines Unglücks innerlich notwendig waren, sie mögen Notwendigkeit gehabt haben, aber nicht innerliche, sie kamen angeflogen wie Fliegen und wären so leicht wie sie zu vertreiben gewesen.«

Am 20. Januar: »So als wäre mir – irgendwie körperlich, körperlich als Ergebnis der jahrelangen Qualen (Vertrauen! Vertrauen!) – die Möglichkeit des ruhig schaffenden Lebens verschlossen, also *das schaffende Leben*, denn der Zustand der Qual ist für mich ohne Rest nichts anders als in sich verschlossene, gegen alles verschlossene Qual, nichts darüber hinaus.« (Hervorhebung A.L.)

Im Tagebuch vom 16. Januar 1922 ist zu lesen:

»Die Uhren stimmen nicht überein, die innere jagt in einer teuflischen oder dämonischen oder jedenfalls unmenschlichen Art, die äußere geht stockend ihren gewöhnlichen Gang. Was kann anderes geschehn, als dass sich die zwei verschiedenen Welten trennen und sie trennen sich oder reißen zumindest an einander in einer fürchterlichen Art. Die Wildheit des inneren Ganges mag verschiedene Gründe haben, der sichtbarste ist die Selbstbeobachtung, die keine Vorstellung zur Ruhe kommen lässt, jede emporjagt um dann selbst wieder als Vorstellung von neuer Selbstbeobachtung weiter gejagt zu werden … Dieses Jagen nimmt die Richtung aus der Menschheit …«

Diese drei Auffälligkeiten zusammengenommen ergeben als positive Zukunftsperspektive der geistigen Gestalt Kafkas:
- erstens, zunächst einmal überhaupt die *Möglichkeit* von Freiheit und von Entwicklung geistig zu erkennen, seelisch zu fühlen und physisch-biografisch zu verwirklichen,
- zweitens, ein im Wesen des wiedererscheinenden Christus gründendes Ich-Bewusstsein aufzubauen und daraus zu handeln, also sich selbst in der Inkarnation erst einmal *kennenzulernen*,
- drittens, dieses Handeln einzugliedern in die geistig-seelisch-irdischen Entwicklungswege der Gemeinschaft der Menschheit, das heißt: mehr *mit* den Menschen zu leben statt gegen sie.

Es ließe sich auch fragen, ob nicht diese Entwicklungsperspektiven Kafkas, zwar nicht schematisch oder eins zu eins, in Ansätzen mit der christlichen Trinitätslehre in Verbindung zu bringen sind, mit dem Bild von Vater, Sohn und Geist, den Qualitäten von Sein, Werden und Bewusstsein. Zumindest kann Kafkas Schreiben auch als ein Ringen um das organische Zusammenwirken dieser drei Qualitäten in seinem Eigenwesen gelesen werden – wobei er sich einerseits am »Väterlichen«, an der Vergangenheit und am Erbilden eines Da-Seins als solchem am meisten abarbeitet, zugleich aber verfrüht aus einem rein Geistigen, aus der Zukunft heraus zu leben versucht und wohl auch in hohem Maße dazu befähigt ist:

»Überhaupt ist er ein Mensch, der nur das Unbedingte will, das Äußerste in Allem. Niemals gibt er sich mit Kompromissen ab … Dadurch entsteht oft der Anschein, als sei er launenhaft, überspannt u.s.f. Das ist aber nie der Fall …, er ist sogar, wenn es darauf ankommt, sehr klug und geschickt in der Wahl praktischer Mittel. Nur in den idealen Dingen versteht er keinen Spaß, da ist er schrecklich streng, vor allem mit sich selbst, und daraus entstehn, da er an sich einen schwachen Körper hat ... Konflikte ...« – so Max Brod in einem um Verständnis für seinen Freund werbenden Brief an Felice Bauer vom 15. November 1912.

Was fehlt, ist das vermittelnde, Himmlisches und Irdisches versöhnende Element dazwischen: die Christus-Qualität, die Brücke zwischen Ideal und Wirklichkeit, zwischen den eigenen Intentionen und den Bedingungen der anderen. Die Geste des Christus als höchstem geistigen Bruder des Menschen und Wesen der Sonne ist, uns zu begleiten, wo wir sind: auf Erden.

1922 entstand »Das Schloß«. Am 10. Januar 1918 hatte Kafka in Bezug auf einen Roman Brods an diesen geschrieben – die Literaturwissenschaft hat diese Äußerung später auch mit einiger Plausibilität auf Kafkas eigenes Roman-Vorhaben »Das Schloß« beziehen können –: »Mir ist ... eingefallen, dass der positive Schluss des Romans eigentlich etwas Einfacheres und Näheres will, als ich zuerst dachte, nämlich die Aufrichtung einer Kirche, einer Heil(s)anstalt, also etwas, was *fast zweifellos kommen wird* und sich schon im Tempo unseres Zerfallens *um uns aufbaut*« (Hervorhebung A.L.).

1922 begründete sich mit Hilfe Rudolf Steiners die »Bewegung für religiöse Erneuerung«, die Kirche der »Christengemeinschaft«: Mitte September, als Kafka den Schloss-Roman resigniert abbrach. Die neue, »dritte (christliche) Kirche« hatte Steiner bereits 1917/18 in einem Gespräch mit dem angesehenen evangelischen Theologen und Anthroposophen Friedrich Rittelmeyer vor Augen gestanden, der jedoch versäumte, gezielter nachzufragen. Steiner erforschte die Möglichkeit neuer, zeit- und geistgemäßer kultischer Messetexte. Unter anderem übergab er den Gründern der Christengemeinschaft die sogenannte trinitarische Epistel. Im Mittelteil dieses Gebets wird das *»Erleben des Christus in unserer Menschheit«* als Wortkraft charakterisiert: Unser eigenes menschliches Wesen *ist* das Schöpferischsein des Sohnes, *»unser Leben ist sein schaffendes Leben«*, also dasjenige, was Kafka am 20. Januar als die ihm verschlossene Möglichkeit bezeichnet hat.[8]

2

Ich könnte vom Tode meiner Frau, meines Sohnes, aller mir Na-
hestehenden erfahren, ohne mit der Wimper zu zucken.

Napoleon

Selbst den Tod eines nahen Freundes würde ich nur als eine läs-
tige Unterbrechung meiner Arbeit ansehen.

Franz Kafka, Tagebuch

Seine Willensstärke besteht in den unentwegten Berechnungen
seiner Selbstsucht.

Mme de Stael über Napoleon

Er saß über seinen Rechnungen. Große Kolonnen. Manchmal
wandte er sich von ihnen ab und legte das Gesicht in die Hand.
Was ergab sich aus den Rechnungen? Trübe, trübe Rechnung.

Franz Kafka, Fragment

… Vielleicht aber gibt es nur eine Hauptsünde: die Ungeduld.

Franz Kafka, Zürauer Aphorismen

Die letzten Tage und Wochen vor seinem Tod im Juni 1924 verbrachte Franz Kafka mit dem Lesen von Korrekturabzügen. Er tat
dies gewissenhaft und gründlich. In seiner Literatur und in Text-
körpern hatte sich Kafka stets mehr inkarniert als im wirklichen
irdischen Leben. Im Angesicht des Sterbens kommt es nun zu dieser
biografischen Geste.
In einem anderen Licht betrachtet ist sie auch lesbar als beginnende
Korrektur seines *Karma*, seines Erdenschicksals. Die Korrektur des
betreffenden Bandes mit Erzählungen konnte Kafka dabei ebenso
wenig abschließen wie die Korrektur der von ihm immer wieder
beklagten, offenbar in tiefen Charakterschichten gründenden Fehler
und Versäumnisse seines Lebens. Dafür starb er zu früh. Seine Bio-

grafie endet hier, die Lebensschrift bricht ab. Doch während Kafka über die Schwelle des Todes geht, wird an seinem letzten Buch in einem Berliner Verlag weitergearbeitet. Es erscheint am 15. August, Napoleons Geburtstag.

Franz Kafka hatte zeit seines Lebens ein starkes Interesse an der historischen Gestalt Napoleons. Dieses Interesse setzte ein, nachdem er mit Max Brod 1910 und ein zweites Mal 1911 in Paris war und im Museum Bildnisse des Kaisers sah. Kafkas erster Paris-Aufenthalt verlief allerdings sehr unglücklich. Aufgrund einer äußerst schmerzhaften Furunkulose musste er kurzfristig wieder abreisen. Unmittelbar nach der Ankunft in Paris – nach einer Nacht in der Zwischenstation Nürnberg – hatten sich Geschwüre gebildet und schließlich ein Hautausschlag auf dem Rücken, dessen Behandlung so quälend war, dass Kafka von Prag aus Max Brod und dessen Bruder am 20.10.1910 von einer »kleinen Ohnmacht« berichtete:

»… So sitze ich jetzt zuhause am Nachmittag wie in einem Grab … und nur am Vormittag überwinde ich dieses Jenseits des Bureaus halber, in das ich fahren muss … Bitte zählt euer Geld nach, ob ich euch nicht bestohlen habe, nach meiner allerdings nicht ganz zweifellosen Rechnung habe ich so wenig verbraucht, dass es ausschaut, als hätte ich die ganze Zeit in Paris mit dem Auswaschen meiner Wunden verbracht.«

In den Jahren vor dem I. Weltkrieg, die für Kafkas Biografie entscheidende waren, gab es im deutschen Sprachraum eine regelrechte Napoleon-Welle. Kafka nutzte die Gelegenheit, las in neueren Publikationen, besuchte Vortragsveranstaltungen und befasste sich recht intensiv mit der napoleonischen Epoche. Akribisch listet er im Tagebuch Fehler Napoleons bei dessen Russland-Feldzug auf. Als sich Kafka, schon vom Tod gezeichnet, in seinem letzten Lebensjahr eine Wohnung in Berlin nimmt und so endlich den Schritt weg von Prag und seiner Vergangenheit schafft, hin in eine – wenigstens als biografische Andeutung gelebte – Selbstständigkeit, schreibt er in einem Brief, dass dieses Abenteuer eigentlich nur mit dem Feldzug Napoleons nach Russland zu vergleichen sei – der ja bekanntlich scheiterte.

Äußerungen von Kafkas Freund Max Brod und Briefe Kafkas an Felice Bauer dokumentieren, dass sich Kafka sogar für die Obduktion des Leichnams Napoleons interessierte. Die Tatsache, dass der Wuchs der Geschlechtsorgane bei Napoleon eher unausgeprägt war, nahm Kafka als ihm wohl nicht unsympathisches Indiz des Desinteresses des Kaisers an der Sexualität, einer gewissen Reinheit oder der Konzentration der Kräfte auf andere Gebiete.

Darüber hinaus hat Kafka Halbschlaf- und Wachträume von Napoleon; auch die wiederkehrenden Paris-Reminiszenzen fallen aus dem üblichen Rahmen. Im Nachlass fanden sich zahlreiche Prosabruchstücke, in denen von einem Feldherrn die Rede ist oder von einem Hauptmann oder Kommandanten. Immer wieder kommen Soldaten und Offiziere vor, aphoristische Schilderungen von Angriffen, Kämpfen, Siegerposen. Die Orte und Landschaften erscheinen teils konkret, teils verfremdet-bizarr. Äußeres Geschehen steht symbolisch für inneres, für seelische Dispositionen. Hartmut Binder hat im Zusammenhang mit den Napoleon-Studien Kafkas die ja überraschende Tatsache herausgestellt – denkt man an das Klischee des zurückgezogenen, körperfeindlichen Kafka –, dass sich Kafka vorübergehend ernsthaft als Soldat melden wollte.

Bei Kafkas Napoleon-»Visionen« wird die starke Wirkung, die der Kaiser *auf* Kafka *in* Kafka ausübt, offensichtlich. Einerseits handelt es sich um eine positive Faszination, andererseits um eine Ambivalenz. Vieles scheint hier unausgesprochen geblieben zu sein.

Deshalb soll der Versuch unternommen werden, Kafkas – so Binder und Robertson: – »auffällige« Beschäftigung mit Napoleon Bonaparte genauer anzuschauen. Dabei werden die zwar spärlichen und teils nur mündlichen, aber dennoch wichtigen menschenkundlichen Aussagen Rudolf Steiners zu Napoleon mit herangezogen.

Die Hinweise Steiners charakterisieren Napoleons Wesensart als umgeben von einem Rätsel. Anscheinend hat es auch der Geistesforscher nicht vollständig ergründen können (oder aussprechen dürfen) – ebenso wie Steiner freilich auch den »wahren« *Kafka* in ihrer beider einzigem Zusammentreffen vielleicht nicht hat ergründen können, und zwar deshalb nicht, weil Kafka sich ihm entzog, weil

34

Kafka, das bezeugten die Freunde schon zu Lebzeiten, aufzufallen nicht ertrug, weil er geradezu trainiert war, sich zu verbergen.

Das Rätselhafte Napoleons besteht in einem intimen konstitutionellen Aspekt und einem zeithistorischen, geschichtlich symptomatischen. Beide hängen miteinander zusammen. So war Napoleon nach Steiner ein »Leib, der wie zusammengebraut ist aus allen Widersprüchen des Zeitalters«[9], eine Persönlichkeit, bei welcher das Wesensgliedergefüge anormal war, »die nur Hülle ist, die keinen Seelenkern hat«[10].

Was heißt das? Wie ist dies zu verstehen?

Ein Beweggrund unserer Untersuchung ist das Mysterium des Bösen und dessen Macht. Die Frage nach dem Bösen und dem Falschen, die Frage nach der Erkennbar- und Lebbarkeit des eigenen Ich war Leit- und Leidens-Motiv Kafkas. Früh schon wurde bemerkt, wie stark Kafkas Werke sein Zeitalter – dessen kollektive Ängste, Kräfte und Möglichkeiten – *seelisch* repräsentieren, als habe er in einer Art »Gesellschaftsäther« gelebt (ein Begriff des Schriftstellers Christian Enzensberger), in dem das Innere eines Menschen mit dem äußeren Weltgeschehen besonders verwoben ist. Kafkas Textkörper erscheinen unendlich verschieden deutbar, nahezu von jedem Ich ganz persönlich interpretierbar, für alle Richtungen und Einflüsse offen – und dadurch, aufgrund dieser Universalität, auch schon wieder *un*deutbar, so, als verschwände der Kern in der reinen Potenz, als *sei* er nur als ewige Möglichkeit von Kern-Sein zu fassen. Kafka selbst empfand seine Konstitution als lebensunfähig: »Mit einem solchen Körper lässt sich nichts erreichen« (Tagebuch 22.11.1911).

Die Auseinandersetzung mit dem Bösen als etwas in uns selbst, das von dem Eigentlichen, was man tun soll und tun kann, ablenkt, drückte sich bei Kafka in einer Unmenge von Aphorismen, Betrachtungen und Tagebuchgedanken aus. Einige Beispiele werden in dieser Studie zitiert. Die Literaturwissenschaft hat ebensolche Unmengen von Studien und Betrachtungen zu Kafkas Auseinandersetzung mit dem Bösen und zum Motiv des Kampfes hervorgebracht. Kafka sah gerade diese seine Spannung, den Kampf als solchen, als seine Natur und seine Aufgabe an, litt dabei aber unter einer

»Sinnlosigkeit … der Trennung des Eigenen und Fremden im geistigen Kampf« (Tagebuch 19.10.1917) – eine Spannung, die Dmitri Mereschkowskis ebenso umstrittene wie an Anregungen reichhaltige Napoleon-Biografie auch bei *Napoleon* als markante charakterliche Signatur herausstellt:

»Wie ist er nun selbst – gut oder böse? Wollte man sagen: Er ist vollkommen gut, ›ein Heiliger‹, so wäre das eine ebenso grobe Unwahrheit, wie zu sagen: Er ist ein ›Bösewicht‹. Das Gute und das Böse kämpfen in ihm … Vereinigung der Gegensätze – so lässt sich Napoleons Genie bestimmen, so bestimmt er es auch selbst.«[11]

Napoleon selbst sagte auf St. Helena:»Ich bin niemals Herr meiner Handlungen gewesen, ich war in Wirklichkeit niemals ich selbst.«

Kafka:»Alle kämpfen nur einen Kampf … Ich kann keinen eigenen führen. Glaube ich einmal selbständig zu sein, sehe ich einmal niemanden um mich, ergibt sich bald, dass ich infolge der mir nicht … zugänglichen allgemeinen Konstellation diesen Posten übernehmen musste. Dies schließt natürlich nicht aus, dass es Vorreiter, Nachzügler, Franktireure und alle Gewohnheiten und Sonderbarkeiten der Kriegführung gibt, aber es gibt keinen selbständig Kriegführenden …«

Zwei Tage später, am 21.10.1917:

»Das Teuflische nimmt manchmal das Aussehn des Guten an oder verkörpert sich sogar vollständig in ihm. Bleibt es mir verborgen, unterliege ich natürlich, denn *dieses* Gute ist verlockender als das wahre. Wie aber wenn es mir nicht verborgen bleibt? Wenn ich auf einer Treibjagd von Teufeln ins Gute gejagt werde? … Wenn die sichtbaren Krallen des Guten nach mir greifen? Ich weiche einen Schritt zurück und sinke weich und traurig ins Böse, das hinter mir die ganze Zeit über auf meine Entscheidung gewartet hat.«

Ohne eine geisteswissenschaftliche Menschenkunde und ohne übergeordnet-okkulten Blick auf das Schicksal lässt sich solcher zwanghafte Kampf mit »Bösem« nur schwerlich begreifen. Wir würden vielleicht etwas versäumen, wenn wir nicht unbefangen nach einem Zusammenhang zwischen dem Profil der Problematik Napoleons und derjenigen Kafkas fragen würden – wohl wissend, dass gerade in diesem Fall die sich vielleicht aufdrängenden Antworten nicht unbedingt die wahrscheinlich richtigen sein mögen. Vielmehr werden wir, wenn überhaupt, dann im bewussten Zurückdrängen des in uns Aufsteigenden, im Hinauszögern der Wahrheit derselben zur allmählichen Offenbarung verhelfen.

Kafka ebenso wie Napoleon müssen wir als Rätsel größer denken. Es scheint sich hier jeweils um ein Phänomen zu handeln – bei Napoleon als Erscheinung in der Geschichte, der sichtbaren politischen Historie, bei Kafka in Geschichten, in der Literatur –, das *seinesgleichen* sucht. Napoleon erfuhr, insbesondere bei Mereschkowski, überspannte Zuschreibungen, die Palette reicht vom »Messias« bis zum »Antichrist«. Das eigentliche Spannungsfeld in ihm, das Phänomen als Phänomen, konnte oft kaum mehr in den ruhigen, mitfühlenden Blick genommen werden. Es war immer der Blick von außen. Immerhin bemühten sich literarisch-akademische Außenseiter wie Carl A. Friedenreich um einen Blick von innen.[12] Friedenreich etwa gibt zu bedenken, dass Ahriman – in der anthroposophischen Terminologie ein hoher dämonischer Geist, das Wesen der kalten Berechnung – gerade größte *Mühe* gehabt habe, Napoleon in seine Gewalt zu bringen. Und Goethe konstatierte gegenüber Eckermann, dass es einem bei Napoleon so gehe wie bei der Apokalypse des Johannes – man muss Goethe ergänzen: so geht es einem auch bei Kafka –: »… es fühlt ein jeder, dass noch etwas drinsteckt, er weiß nur nicht was.«

Auch auf Kafka wurde insofern jahrzehntelang nur von außen geblickt, als man seine im engeren Sinne schriftstellerischen Werke als das Entscheidende ansah, so wie bei Napoleon dessen geschichtliche Werke. Doch in beiden Fällen mag, was *nicht* getan wurde, aber hätte getan werden können oder gar sollen, entscheidender gewesen sein. Die äußerlichen Werke waren wie Schattenwürfe eines Lichts, das selbst nicht sichtbar wurde. Beide, Kafka wie Napoleon, haben gemeinsam, dass sie dies dumpf spürten. So sagte Napoleon mehrfach, dass die demütigende Zeit seiner Verbannung auf der Atlantikinsel St. Helena für ihn persönlich indirekt heilsam gewesen sei: »Das Leiden fehlte meiner Laufbahn.« – »Andere werden durch ihren Sturz erniedrigt, mich aber erhöht er unendlich. Jeder Tag reißt mir die Haut des Tyrannen, des Mörders und Bösewichts ab.«

Er schien geahnt zu haben, dass in dem Moment, wo man ihn in seiner »Nacktheit« sähe statt in den prächtigen Hüllen des Ruhmes, er sein eigentliches Selbst offenbarte. Mit *seinem* Leib hatte sich – im Gegensatz zu, nach dessen eigener Ansicht, Kafkas Körper – sozusagen sehr viel, ja alles erreichen lassen: mit dem Willen. Napoleon herrschte über ein äußeres Reich, aber nicht über sein Inneres. Kafka wiederum hatte zeitlebens ein quälerisches Verhältnis zu seinen Werken, ließ sie fast alle nicht gelten, bestimmte sie posthum zur Verbrennung. (Die Doppelgeste dieses Testaments ist an anderer Stelle erörtert worden.)

Napoleon machte zu Lebzeiten Geschichte und erlangte Ruhm, *ohne selber recht zu wissen, warum,* während es bei Kafka insofern umgekehrt war, als sein Ruhm und seine »Lebzeiten« erst nach seinem Tod einsetzten und die Geschichten, die er schrieb, als er real inkarniert war, im Irdischen nicht durchdrangen, *ohne dass er wirklich wusste, warum nicht.* Im Brief an Rudolf Steiner vom 31. März 1911 merkt er hinsichtlich der von diesem erbetenen Textproben an, das beiliegende »Stück« sei für ihn »nicht wesentlich« (!), »aber bezeichnend«, allerdings würde es »durch das Gefühl, dass es bald in Ihren Händen sein wird«, seinem eigenen Urteil teilweise »entzogen«. Kafka glaubte, nicht »geschäftstüchtig« zu sein und nur im Schreiben leben zu können, aber eben nur für sich, auf der Insel der Schrift, in einem – wie er zwei Jahre vor seinem Tod gegenüber Brod formulieren wird – »Sonnensystem der Eitelkeit«. Reich war Kafkas *Seele*. Mit ihr ließ sich viel erreichen: Kafkas seelische Fühler ertasteten noch die fernste Regung des Inneren des Menschen, noch den abgelegensten Gewissenswinkel, den feinsten Nerv. Aber seine »kaiserliche Botschaft« – so der Titel eines seiner bekanntesten Texte – kam nicht (mehr) bei den Untertanen an (»Niemand dringt hier durch und gar mit der Botschaft eines Toten«):

»... Fremde die Du bist ist nicht mehr fremd. Damit leugnest Du die Weltschöpfung und widerlegst Dich selbst.« (Oktavheft H, »Schriften aus dem Nachlass«)[13]

Der dritte, »Der Traum und der Bau« überschriebene Teil von Walter H. Sokels großer Kafka-Arbeit aus den 60er Jahren (»Franz Kafka – Tragik und Ironie. Zur Struktur seiner Kunst«) beginnt mit dem Kapitel »Zerstreutes und konzentriertes Ich«. Während Sokel in der Einleitung die »Ungeduld« als Motiv bezeichnet, das Kafkas ganzes Werk durchzieht – die »tiefe Überzeugung vom verhängnisvollen Fluch der Unruhe, der Unsicherheit und der daraus entspringenden Ungeduld« – fügt er als damit tragisch zugehöriges die »Zerstreutheit« hinzu:

»Das sicherste Zeichen des gespaltenen Willens bei Kafka ist immer die Zerstreutheit, die Geistesabwesenheit des Ichs. Zerstreutheit geht … der besinnungslosen Fahrt des Landarztes, Georg Bendemanns Verurteilung, Gregor Samsas Verwandlung und Josef K.s Prozess voran … In seiner Zerstreutheit stößt der Landarzt die Tür des Schweinestalls auf und lässt sein unheilvolles Schicksal damit vor sich aufsteigen. Zerstreutheit lässt ihn vergessen, dass der Pferdeknecht neben Rosa steht … In einem Augenblick der Zerstreutheit beginnt sein Schicksal, wie das aller anderen Kafka-Helden, die … zur Zerstörung oder permanenten Zerrissenheit ihres Ichs gelangen … Zerstreutheit bei Kafka ist immer Ausdruck und Instrument der Willensspaltung. Ein unbewusster macht sich gegen den bewussten Willen geltend … Die Zerstreutheit ist bei Kafka das Tor, durch das die Tragik einbricht …«

Das reine Ich, so Sokel, genieße sich letztlich nur im Traum, in Augenblicken der (scheinbaren) Einheitlichkeit des eigenen Wesens.

Gleich zu Beginn seiner Studie untersucht Sokel das in seinen Augen für Kafkas Helden paradigmatische Erzählfragment »Eine alltägliche Verwirrung«, der »Vorfall« eines Missverständnisses zwischen zwei Geschäftspartnern A und B:

»Die … geheimnisvolle Feindseligkeit der Umstände scheinen an allem schuld zu sein, und der Held das wehrlose Opfer eines böswilligen, unerklärlichen Schicksals … Strukturell beginnt mit [einem] Ignorieren B.s durch A. die ganze Unheilserie der Erzählung. A war so übereifrig, dass er an seinem Ziel vorbeischoss, als es zu ihm kam … Am Ende … verliert A. durch eine Fehlleistung des Körpers, was

er sich am Anfang durch eine Fehlleistung des Geistes verscherzt ...
Er ist innerlich ›verhext‹ ... Die Fehlleistung des Körpers besiegelt
die Erbsünde des Gemüts.«

Ungeduld als existenziell zur Individualität gehörender Wesenszug
und Zerstreutheit als Mangel an Geistesgegenwart, als nahezu kon-
stitutive Vergesslichkeit bedingen sich gegenseitig. Dass damit auf
anderem Feld ein umso mehr energiegeladener Aktionismus einher-
geht, ist kein Widerspruch, sondern Ausdruck jener Dissoziation von
eigentlichem und zerstreutem Willen. Sokel, der diese Spaltung tie-
fenpsychologisch deutet, bringt in diesem Zusammenhang eine von
Kafka gestrichene Stelle aus dem Anfang des »Prozess«-Fragments,
mit der hier der Exkurs zu seiner Studie beendet werden soll:
»Jemand sagte mir – ich kann mich nicht erinnern, wer es gewesen ist
–, dass es doch wunderbar sei, dass man, wenn man früh aufwacht,
wenigstens im allgemeinen alles unverrückt an der gleichen Stelle
findet, wie es am Abend gewesen ist. Man ist doch im Schlaf und
im Traum wenigstens scheinbar in einem vom Wachen wesentlich
verschiedenen Zustand gewesen, und es gehört, wie jener Mann
ganz richtig sagte, eine unendliche Geistesgegenwart oder besser
Schlagfertigkeit dazu, um mit dem Augenöffnen alles, was da ist,
gewissermaßen an der gleichen Stelle zu fassen, an der man es am
Abend losgelassen hat. Darum sei auch der Augenblick des Erwa-
chens der riskanteste Augenblick im Tag; sei er einmal überstanden,
ohne dass man irgendwohin von seinem Platze fortgezogen wurde,
so könne man den ganzen Tag über getrost sein.«

Ansatz anthroposophischer Geisteswissenschaft und damit der
vorliegenden Studie ist nicht, Forschungsergebnisse der etablierten
Wissenschaften, hier der Literaturwissenschaft, durch Spekulationen zu ersetzen, die ihr willkürlich erscheinen müssen. Auf allen
Feldern besteht das Anliegen, ja, das Angebot der Anthroposophie
darin, die Perspektive zu erweitern (es sei denn, die germanistische
Forschung verwahrt sich dagegen, dass es auf diese Weise überhaupt möglich, geschweige denn nötig ist), und auf verschiedenen
methodischen Wegen errungene Erkenntnisse und Diskursebenen
miteinander *kurzzuschließen*, zumindest da, wo dies naheliegt, wo

Dinge erhellt und wo gemeinsame Forschungsgegenstände – das Werk, die Persönlichkeit, zentrale Fragestellungen – eine neue Dynamik gewinnen können.

Legt man also dem oben zu Kafka (und zum vieldeutigen Motiv der »Zerstreuung«) Dargestellten die spezifische Tragik *Napoleons* als Folie unter und sprengt gedanklich die zunächst räumlich und zeitlich rahmengebenden Bedingungen *eines* Lebens zwischen Geburt und Tod, tut sich gewissermaßen der Abgrund einer Vermutung auf. Gemäß des Hinweises Rudolf Steiners aus der Zeit zwischen 1920 und 1923, also zur Zeit von Kafkas »Schloß«-Niederschrift, habe Napoleon seine eigentliche Mission auf tragische Weise »vergessen«, weil er nicht habe »warten« können.[14]

Wenn dies wahr ist, könnte die Folge des Napoleon-Lebens für diejenige Seele in der nächsten oder auch übernächsten Inkarnation in einer grundlegenden Verlangsamung, in einer Hemmung zu handeln, bestehen. Das irregeleitete Selbst-Bewusstsein muss neu aufgebaut werden, denn es ist nicht mehr da. Zögern, äußerste Skrupel sich selber durchzusetzen, müssten als neue Gewohnheiten entwickelt werden. Darin verborgen liegt die Fähigkeit und Aufgabe, nicht mehr (nur) aus dem eigenen Mittelpunkt heraus zu handeln, aus dem nur auf sich konzentrierten Ego, sondern aus dem zerstreuten Umkreis der Menschen, aus Gemeinschaftsimpulsen: sich künstlerisch einfühlen zu lernen in das seelische Weben der anderen, aus *ihrer* geistigen Intention zu handeln und somit dem verborgenen Geistigen im Mitmenschen zu dienen – nicht nur in dem Sinne, dass man in den anderen *sich selbst* erkennt, sondern etwas Drittes daraus entsteht.

Diese Gesinnung legt Rudolf Steiner zugrunde, wenn er am 11. Februar 1919 in Zürich die seelische Wirkung des Christus-Wesens charakterisiert als das *Interesse* des Menschen auch für dasjenige im anderen, was man ablehnt oder was einem fremd ist. Man habe sich zu durchdringen mit dem Gedanken, dass in dem anderen, selbst in dem, was ich für Irrtum halte, das Ich des Christus denke. Dann bin ich nicht mehr nur fordernd – selbst das Gute nicht – aus Vor-Urteilen heraus, sondern ich befördere das, was ich noch gar nicht kenne.

Gegenbild eines in diesem Sinne dienenden Herrschers mag zum Beispiel der ägyptische Pharao Echnaton gewesen sein, der zwar von geistigen Menschheitsimpulsen tief durchdrungen war, der aber vor lauter persönlichem Durchdrungensein von der Wahrheit des Sonnenwesens des Aton gerade *un*persönlich wirkte und während seiner Regierungszeit die Wahrheiten der Erdenmenschen ausblendete.[15]

Versuche ich meine vorgeburtlichen Intentionen indes zu verbinden mit dem Umkreis, ist es zwar oft schwierig bis unmöglich, »auf den Punkt zu kommen« im Leben. Aber es mag daraus die Gabe erwachsen, seismographisch die Willens- und Handlungsimpulse anderer zu erfühlen und stellvertretend wenn nicht umzusetzen so doch auszudrücken und ihnen zum Erfolg zu verhelfen. Damit einher geht freilich die Selbst-Aufforderung, stets zu prüfen und zu deuten, ob die Motive und Impulse der anderen »gute« oder »böse«, gesund- oder krankmachende sind, entwicklungsfördernde oder -störende. Ist diese Not und Unsicherheit bei dem Betreffenden tief verankert, wird er immerzu das Verhalten anderer zu interpretieren und auf vermeintliche Zeichen hin abzuklopfen versuchen, und er wird auch selber, richtet er sein Tun und Wirken doch gerade an dem der anderen aus, unendlich deutbar und widersprüchlich erscheinen. Unterstellt er der Umwelt Strategien, spiegelt es nur sein *eigenes* Denken in Strategien wider, zweifelt er an der Welt, ist es der Zweifel an sich selbst.

Solcherart Zerrissenheit ist überhaupt erst mit der Neuzeit entstanden. In diesem Licht schildert Steiner die historische Gestalt des englisch-schottischen Königs Jakob in den Dornacher »Symptomatologie«-Vorträgen aus dem Herbst 1918. Doch auch andere Herrscher wie der Preußenkönig Friedrich der Große wären hier zu nennen – oder eben Echnaton als tragischer Vorläufer in der Antike. In ihnen lebten Impulse, die in der äußerlich-historischen Machtstellung gar nicht zur Entfaltung kommen *konnten* und es in Zukunft immer weniger können, weil im Zeitalter der Persönlichkeit, so Steiner, eben *jeder* ein König und eine Persönlichkeit sein wolle. Darum soll Friedrich laut einem von Emil Bock in seiner Sammlung über »Die Wiederverkörperungsidee in der deutschen

Geistesgeschichte« (Fischer Taschenbuch Verlag Frankfurt 1981, S. 39) zitierten Ausspruch im Angesichts des Todes die Überzeugung geäußert haben, dass »der edlere Teil« von ihm überdauern werde, auch wenn er in jenem »künftigen Leben« wohl nicht mehr König sei – »desto besser«.

Ritchie Robertson hat Kafkas »seinem eigenen Empfinden nach [ihm] anvertraut[en]« Auftrag als eine »Führungsaufgabe geistig-spiritueller Art« charakterisiert.[16] Sie drücke sich bei Kafka unter anderem in der lebenslangen Napoleon-Faszination aus sowie in literarischen Bildern, die jedoch immer auch die Möglichkeit einschließen, »dass der Auftrag jemandem erteilt worden ist, dessen Fähigkeiten in einem grotesken Missverhältnis zur Größe der Aufgabe stehen, oder – noch schlimmer – dass dieser Führer einer Berufung gefolgt ist, die eigentlich an einen anderen ergangen war«. (Und manchmal spüren diese Helden dieses Missverhältnis auch, etwa »der große Schwimmer« im gleichnamigen Fragment, der für einen Weltrekord im Schwimmen geehrt wird und vom »Vaterland zur Olympiade geschickt wurde«, obwohl er gar nicht schwimmen kann. Zwar wirft er in seiner Festrede die Möglichkeit einer »Verwechslung« auf, beschwichtigt aber zugleich, das gegenseitige Nichtverstehen störe ihn nicht wirklich.)

Hier liegt der Schnittpunkt zwischen Napoleon und Kafka: in der Ahnung oder Erkenntnis, ein Leben gelebt zu haben, das seine eigentliche Aufgabe und positive Möglichkeit – noch und gerade im vermeintlichen »Erfolg« – versäumt hat. (Ob es sich bei diesen beiden Individualitäten um *dieselbe* oder um eine *ähnliche* Aufgabe gehandelt hat, es also um Identität geht oder nur Seelenverwandtschaft, ist eine zweite Frage; ihre Beantwortung muss hier zunächst offen bleiben.)

Napoleon wurde dies in den letzten Lebensjahren auf der Insel St. Helena, wenn auch nur ahnungsweise bewusst: In der Verbannung und Isolation begann der allmähliche Selbst-Erkenntnisprozess, das heißt, während einer Gefangenschaft, in der er sich dennoch physisch frei bewegen konnte. Dies wird später die paradoxe Situation von Kafkas unschuldig schuldigem Josef K. in »Der Prozess« sein:

verhaftet zu werden, »ohne dass er etwas Böses getan hätte« und ohne dass die Verhaftung sichtbar würde durch Ketten und Gitterstäbe. Etwas anderes *haftet* an diesem Josef K., eine konstitutionell zu ihm gehörende »Isolation«. Nicht als aktiv in die Welt Eingreifender, sondern als sich selbst genau Beobachtender, als Autor, führt Kafka gewissermaßen jenen Selbstfindungsprozess Napoleons fort.

Einer der wenigen Texte, wenn nicht der einzige, den Franz Kafka bis zuletzt als gelungen gelten ließ, markierte er doch den literarischen Durchbruch zu sich selbst, ist die Erzählung »Das Urteil«. Sie ist im Folgenden Ausgangspunkt weiterer Fragen, die aufgeworfen werden müssen.

II. Unschuldiges Kind oder teuflischer Mensch?

Ist es möglich, dass ich die Zukunft zuerst in ihren kalten Umrissen mit dem Verstand und dem Wunsch erkenne und erst, von ihnen gezogen und gestoßen, allmählich in die Wirklichkeit dieser gleichen Zukunft komme?

Franz Kafka, Tagebuch vom 16. Oktober 1916

Mir ist nichts widerfahren, was ich nicht vorausgesehen hätte, und ich allein staunte nicht über das, was ich getan habe. Ich errate auch alles, was in der Zukunft sein wird, und ich werde mein Ziel erreichen … Ich fühlte … voraus, was ich noch werden konnte … Habe ich den Willen des Schicksals denn schon erfüllt? Ich fühle mich zu einem Ziel gedrängt, das ich selbst nicht kenne …

Napoleon

… 11.

Friede Russland

Sein Haus bleibt in der allgemeinen Feuersbrunst verschont, nicht deshalb weil er fromm ist, sondern weil er darauf abzielt, dass sein Haus verschont bleibt

Franz Kafka, Eintragungen im Oktavheft H

1

»Sie sind als Landvermesser aufgenommen, wie Sie sagen, aber, leider, wir brauchen keinen Landvermesser ... kleine Grenzstreitigkeiten regeln wir selbst.« [...] – »Das wirft alle meine Berechnungen über den Haufen ... ich habe doch diese endlose Reise nicht gemacht, um jetzt wieder zurückgeschickt zu werden.«

Franz Kafka, »Das Schloß«

Sie kennen das Trocadéro in Paris? In diesem Gebäude ... findet soeben die Hauptverhandlung in einem großen Prozeß statt. Sie denken vielleicht nach, wie es möglich ist, ein solches Gebäude in diesem fürchterlichen Winter genügend zu heizen ... Das Trocadéro wird nicht geheizt, aber dadurch wird der Fortgang des Prozesses nicht gehindert, im Gegenteil, mitten in dieser von allen Seiten herauf und herab strahlenden Kälte wird in ganz ebenbürtigem Tempo kreuz und quer ... prozessiert.

Kafka, Oktavheftfragment

In den schweren Stiefeln, die ich heute zum ersten Mal angezogen habe (sie waren ursprünglich für den Militärdienst bestimmt), steckt ein anderer Mensch.

Kafka, Oktavheft Februar 1917

Als Kaspar Hauser soweit aufgewacht war, dass er Menschen und Dinge um sich erkannte

Kafka, Tagebuchfragment vom 31. Juli 1917

Der anthroposophische Karmagedanke beinhaltet bestimmte Gesetzmäßigkeiten, innerhalb dieser aber auch die Möglichkeit individueller Abweichungen und Ausnahmen – gerade weil die Individualität des Menschen das Wesentliche ist und nicht ein allgemeines Schema oder »Seelenwandern«. Diese Ausnahmen betreffen beispielsweise die Dauer des Zustands zwischen Tod und neuer Geburt.

So gibt es hier zwar eine Art Richtwert von Hunderten von Jahren, aber immer wieder auch Unregelmäßigkeiten und extreme Sonderfälle. Für sich selber und für mit der anthroposophischen Bewegung Verbundene deutete Steiner sogar ausdrücklich die Möglichkeit der Wiederverkörperung zur Jahrtausendwende an. Der intime kulturelle, politische und wohl auch geistig-karmische Zusammenhang von Beginn und Ende des 20. Jahrhunderts leuchtet durchaus ein. Er ist hier das Entscheidende, weniger die mit einer solchen Prognose natürlich immer wieder einhergehenden Spekulationen Einzelner.

Den Erkundungen Hans Paul Fiechters liegt eine spezielle Suchrichtung zugrunde und diese mündet in einer konkreten Hypothese. Aufgrund der Sprache der Phänomene wird die Spur der geistigen Gestalt Kafkas unter anderem zunächst bis in die dekadente Mysterientradition Ägyptens verfolgt. Durch den Vergleich mit dem literarischen Werk treten weitreichende Deutungen zutage. Sie bilden für die vorliegende Fragerichtung den weiteren Hintergrund: die Parallelen schneiden sich gewissermaßen im Unendlichen. Die nachfolgenden Überlegungen knüpfen an Fiechters Interpretation der 1912 entstandenen Erzählung »Das Urteil« an. Fiechter arbeitet heraus, dass der Charakter der Protagonisten der von da an geschriebenen Werke Kafkas geprägt sei »einerseits durch triebhaften Machthunger, andererseits durch kalt berechnende Lieblosigkeit den Menschen gegenüber, insgesamt durch Egoismus«: »Ab 1912 sind Kafkas Helden unglückliche intelligente Egoisten.«

Ausgehend von einem Vergleich der verborgenen Bildersprache von »Das Urteil« mit Goethes »Märchen von der grünen Schlange und der schönen Lilie« rückt Fiechter das in Liebe bejahte Selbstopfer des Protagonisten Georg ins Zentrum. Dieses Opfermotiv war Goethes Gegenbild zur Französischen Revolution, deren Ideale durch Chaotisierung, gewaltsame Forcierung und fehlende geistige Durchdringung auf dem irdischen Plan unheilvoll und ungeerdet hatten wirken müssen. Nimmt man Steiners Aussagen vom 19.10.1918 hinzu, zog die Französische Revolution als Abstraktion und triebhaftes Seelisches »ohne Leib« okkult betrachtet wiederum einen Verwirklichungsorganismus an: einen Leib, der eine Seele suchte:

48

»Es verbirgt sich eines der größten Rätsel der neuzeitlichen Entwicklungssymptome, sagen wir, in dieser merkwürdigen Zusammenstellung Revolution und Napoleon. Es ist, als ob eine Seele sich verkörpern wollte auf der Welt und körperlos erschien, und unter den Revolutionären des 18. Jahrhunderts herumrumorte, aber keinen Körper finden konnte, und nur äußerlich ihr ein Körper sich genähert hätte, der wiederum keine Seele finden konnte: Napoleon.« Worauf wir hier unser Augenmerk legen, ist die Tatsache, dass Napoleon offenbar gar nicht einmal bewusst aus einer rein egoistisch-persönlichen Intention heraus so handelte, wie er handelte, sondern dass hier etwas notwendig »ablief« (Steiner) wie ein Uhrwerk, dass »die Waagschale der Entwicklung« ausschlagen und einen »Gegensatz« hervorrufen *musste*.

Das ist in diesem Kontext insofern bemerkenswert, als sich in Kafkas Reflexionen über das »Teuflische« stets ein fatalistischer Zug hineinmischt. Kafka denkt in Kategorien von »Besessensein von etwas« und »Erlöstsein davon«, er denkt in Bildern von Gespenstern, Mächten und Verführungen. Er hat kein naives Verhältnis zu den Schattenseiten in seinem Inneren, sondern denkt es als *Unglück*, als ein existenzielles Missverständnis, das in seinem Wesen oder im Umgang mit seinem Wesen begründet liegt:

»Es gibt Überraschungen des Bösen. Plötzlich wendet es sich um und sagt: ›Du hast mich mißverstanden‹ und es ist vielleicht wirklich so. Das Böse verwandelt sich in Deine Lippen, lässt sich von Deinen Zähnen benagen und mit den neuen Lippen … sprichst Du zu Deinem eigenen Erstaunen das gute Wort aus« (Beim Bau der chinesischen Mauer und andere Schriften aus dem Nachlaß, S. 166). In den Aphorismen heißt es: »Die Hintergedanken, mit denen du das Böse bei dir aufnimmst, sind nicht die deinen, sondern die des Bösen.«

Diese Haltung zum eigenen Geschick findet sich auch bei Napoleon, der am Ende nüchtern und fast ratlos schaut auf das, was ihm auferlegt war. Mereschkowski schreibt in seinem Versuch eines biografischen Seelenbildes des Korsen: »Er spricht ruhig, leidenschaftslos über sich wie über eine dritte Person, wie ein Lebender über einen Verstorbenen

– oder noch ruhiger: wie ein Toter über einen Lebenden ... Er betrachtet sich von der Seite – ich ist für ihn nicht mehr ich, sondern er.« Kafka spricht im Tagebuch einmal von der Sehnsucht, sich von einem anderen Platz, »einem anderen Stern« aus betrachten zu können. Ähnlich Kafka nimmt sich Napoleon wie einen immerzu fremden Menschen wahr – nur mit dem Unterschied, dass er aus dieser Gleichgültigkeit dem Leben gegenüber (auch dem Leben von Millionen Soldaten) umso entschlossener und gewissenloser zu handeln vermag, während die ständige Nicht-Kongruenz von Wesen und Erscheinung bei Kafka nur zu allerhöchster Aktivität in der schriftlichen Selbstbefragung führt, aber nicht zu energischem Handeln im Äußeren.

Im September 1812 erlebte Napoleon in Russland eine große, schicksalwendende Niederlage. Er war zu diesem Feldzug entschlossen, da sich Russlands Zar Alexander seiner Ansicht nach vertragsbrüchig verhalten und den »Geist von Tilsit« verraten hatte. Napoleon fürchtete weitere negative Folgen. Mit dem in St. Petersburg residierenden, scheinbar wankelmütigen, tatsächlich aber schwer durchschaubaren Alexander hatte sich – nach Napoleons Auffassung – eine Art Freundschaft, ein brüderliches Vertrauensverhältnis entwickelt; nun aber schien der Russe ein falsches Spiel zu spielen. In Verkennung slawischer Mentalität und aufgrund von Selbstüberschätzung verlor Napoleon bei dem strapaziösen Rückzug zwei Drittel seiner Armee, da ihn der Moskauer Winter zur Unzeit überraschte und der Gegner sich anders verhielt, als Napoleon berechnet hatte.
Zunächst stießen die Franzosen auf eine riesige *Leere*. Alles war ausgestorben; die Russen hatten begonnen, ihre Dörfer zu verlassen und niederzubrennen. Als Napoleons Heer schließlich in Moskau eintraf, wieder die gleiche Verlassenheit und Leere, dann plötzlich Feuer: Alexander hatte ihn in eine Falle gelockt – Moskau brannte. Die Schlachten auf dem Rückzug waren furchtbar. Die Natur war unerbittlich, fast alle Elemente traten mächtig hervor: zunächst das Feuer Moskaus, dann die Kälte, der einsetzende russische Winter. Napoleons Truppen mussten die stark angeschwollene Beresina überqueren und dazu zwei zerstörte Behelfsbrücken mühsam wie-

dererrichten. Die Kämpfe fanden in Eiswasser statt und unter russischem Beschuss. Nur eine der Brücken hielt stand, alle drängten in verzweifelter Todesangst zu ihr hin. Zehntausende aber mussten am jenseitigen Ufer ihrem sicheren »Todesurteil« (Johannes Willms) überlassen werden. Dramatische Bilder dieser unermesslich schrecklichen Schlacht am Fluss müssen sich in die Seelen der Beteiligten eingezeichnet haben.

Gelegentlich wies man darauf hin, dass es nicht zufällig das Slawentum und der stärker als der Westen aus Opferkräften schöpfende Osten gewesen ist, an denen Napoleons Machtwillen scheiterte und im Wortsinn an seine Grenze kam. Bezeichnenderweise ging es ihm offenbar selbst während der Hauptkämpfe schlecht: Eine fiebrige Erkältung führte zu Lethargie, Halbschlaf, Mattheit. So war der Feldherr erstmals dazu verurteilt, statt aktiv Eingreifender ein diesmal seltsam unentschlossener Beobachter des eigenen Kampfes zu sein. Vor allem aber irritierte ihn das hartnäckige Schweigen seines »Freundes« Alexander, der bereits auf mehrere schriftliche Kontaktaufnahmen nicht reagiert hatte.

Schließlich gab Napoleon dem Oberhaupt einer zufällig noch nicht abgereisten reichen russischen Familie einen Brief nach St. Petersburg mit. Doch auch auf diesen ausführlichen Brief vom 20. September 1912 mit dem Vorschlag für Friedensverhandlungen, den die Napoleon-Biografie von Johannes Willms als »in politischer wie psychologischer Hinsicht höchst aufschlussreich« und »seltsam« bewertet, reagiert Zar Alexander ebenso wenig wie auf weitere schriftliche Initiativen und Erkundungen, zu denen Napoleon seine Untergebenen zu überreden versucht – so verzweifelt und fern aller Realität baute er bis zuletzt auf das Entgegenkommen des Zaren.

In der Heimat ereignete sich indes am 29. September etwas anderes: Napoleons Adoptivtochter Stephanie gebiert einen Jungen, den Erbprinzen von Baden, dessen Schicksal die Menschheit später als das »Kind von Europa«, als das Rätsel *Kaspar Hauser* beschäftigen wird. Napoleon ließ schließlich seine geschlagene Armee in der Hölle zurück und floh in einer Kutsche zurück nach Paris.

2

Feldarbeiter fanden als sie abends nachhause gingen unten auf der Straßenböschung einen alten ganz zusammengesunkenen Mann. Er duselte mit halb offenen Augen. Er machte zuerst den Eindruck eines schwer Betrunkenen, er war aber nicht betrunken. Auch krank schien er nicht zu sein, auch nicht vom Hunger geschwächt, auch vom Wandern nicht müde, wenigstens schüttelte er zu allen solchen Fragen den Kopf. »Wer bist Du denn?« fragte man ihn schließlich. »Ich bin ein großer General«, sagte er ohne aufzuschauen. »Ach so«, sagte man, »also das ist Dein Leiden.« »Nein«, sagte er, »ich bin es wirklich.« »Natürlich«, sagte man, »wie solltest Du es denn sonst sein.« »Lacht wie ihr es versteht«, sagte er, »ich werde Euch nicht strafen.« »Aber wir lachen doch nicht«, sagte man, »sei was Du willst, sei Obergeneral, wenn Du willst.« »Bin ich auch«, sagte er, »ich bin Obergeneral.« »Nun siehst Du, wie wir das erkannt haben. Aber das kümmert uns nicht, wir wollten Dich nur darauf aufmerksam machen, dass es in der Nacht stark frieren wird und dass Du deshalb von hier fortgehn sollst.« »Ich kann nicht fortgehn und ich wüsste auch nicht wohin ich gehen sollte.« »Warum kannst Du denn nicht gehen?« »Ich kann nicht gehen, ich weiß nicht warum. Wenn ich gehen könnte, wäre ich ja im gleichen Augenblick wieder General inmitten meines Heeres.« »Sie haben Dich wohl hinausgeworfen?« »Einen General? Nein, ich bin hinuntergefallen.« »Von wo denn?« »Vom Himmel.« »Von dort oben?« »Ja.« »Dort oben ist Dein Heer?« »Nein. Aber Ihr fragt zuviel. Geht fort und lasst mich.«

Franz Kafka, Schriften aus dem Nachlass

Bleibst du aber fest, läßt mit der Kraft des Blicks die Wurzeln wachsen tief und breit – nichts kann dich beseitigen und es sind doch keine Wurzeln, sondern nur die Kraft deines zielenden Blicks –, dann wirst du auch die unveränderliche dunkle Ferne sehn, aus der nichts kommen kann als ... der Wagen, er ... wird

... in dem Augenblick, in dem er bei dir eintrifft, welterfüllend
und du versinkst in ihm wie ein Kind in den Polstern eines Reise-
wagens, der durch Sturm und Nacht fährt.

Franz Kafka, Fragment

Am 20. März 1811 war Napoleons eigener Sohn geboren worden.
Auf den Tag hundert Jahre danach, am 20. März 1911, begannen
im Theosophenzirkel der Schwellen- und Vielvölkerstadt Prag die
öffentlichen Vorträge Rudolf Steiners über »Okkulte Physiologie«.
Zu den Zuhörern gehörte auch der unbekannte Schriftsteller Franz
Kafka, der im Anschluss daran die Gelegenheit nutzte, mit Steiner
ein intimes Gespräch über sein – angebliches – Hingezogensein zur
Theosophie und seine gleichzeitige »Angst« davor zu führen und ihm
seine innere und äußere Lebenssituation zu schildern. Es blieb das
einzige Zusammentreffen zwischen Franz Kafka und Rudolf Steiner; es ist von Steiner nirgendwo kommentiert worden. Auch die
Schilderung Kafkas im Tagebuch muss letztlich als einseitig und
nur bedingt authentisch gelten, da Kafka hier im Wesentlichen seine
angeblich »vorbereitete« – freilich umso bemerkenswertere – »An-
sprache« wiedergibt.[17]
Wiederum ein Jahr später, hundert Jahre nach Napoleons Russland-
Feldzug, in der Nacht vom 22. auf den 23. September 1912 schreibt
Kafka nach eigener Auskunft »in einem Zug« die Erzählung »Das
Urteil«: Dieser Text ist so unauslotbar, dass selbst sein Autor vor
einem Geheimnis stand, wenngleich – oder weshalb – das »Urteil«
seinen persönlichen Durchbruch als Schriftsteller bedeutete: Kafka
nannte es eine Geburt.
Die Geschichte erzählt, grob gesagt, eine Vater-Sohn-Problematik.
Am Ende eines sonntäglichen Disputs »verurteilt« der Vater den
Sohn zum Tode, und dieser stürzt sich – als ein Selbstopfer – sogleich von der vor dem Haus befindlichen Brücke in den Fluss. Die
Urteilsbegründung entnimmt der Leser folgenden Worten des Vaters: »Ein unschuldiges Kind warst du ja eigentlich – aber noch
eigentlicher warst du ein teuflischer Mensch!«

Merkwürdig mutet ein dritter Protagonist dieser Erzählung an, um den, obgleich unsichtbar, das Gespräch die ganze Zeit kreist: ein angeblicher »Freund« des Sohnes in Russland, an welchen der Sohn gerade einen Brief geschrieben hatte.

Über diesen Freund in St. Petersburg heißt es, er sei »mit seinem Fortkommen« zuhause unzufrieden und »nach Russland ... förmlich geflüchtet«. Sein »Geschäft« dort, »das anfangs sich sehr gut angelassen hatte«, schien nun aber »zu stocken«: »So arbeitete er sich in der Fremde nutzlos ab ...« Seine »gelbe Hautfarbe« deute bereits »auf eine sich entwickelnde Krankheit« hin. Er habe sich »offenbar verrannt«.

Vor drei Jahren – dieser Zeitraum wird mehrfach genannt – sei der Freund zum letzten Mal in seiner Heimat gewesen, und drei »weit auseinander liegende« Briefe habe der Sohn dem Freund bereits geschrieben. In diesen war von der geplanten Verlobung des Sohnes die Rede: der Verlobung »eines gleichgültigen Menschen«, wie der Sohn sich selber charakterisiert.

Der Sohn – Georg ist sein Name – will nun dem Vater berichten, dass er sich jetzt tatsächlich verloben wird und dass er diesen Verlobungsplan auch soeben dem Freund mitgeteilt habe. Der Freund soll offenbar Zeuge dessen sein: auch für ihn müsse es »ein Glück« sein, denkt der Sohn, wenn er sich verlobe.

An Felice Bauer hat Kafka geschrieben, dass er ursprünglich einen Krieg habe schildern wollen: »Als ich mich zum Schreiben niedersetzte, wollte ich ... einen Krieg beschreiben, ein junger Mann sollte aus seinem Fenster eine Menschenmenge über die Brücke herankommen sehn, dann aber drehte sich mir alles unter den Händen.« Das Bild, das er im Tagebuch unmittelbar nach der Entstehung der Erzählung für diesen Schreib-Vorgang fand, war das eines »großen Feuers«, in welchem noch »die fremdesten Einfälle vergehn und auferstehn«. Auch sonst spricht Kafka gern vom »Feuer zusammenhängender Stunden« – der »Zusammenhang« kommt auch in der Schilderung des Schreibvorgangs beim »Urteil« vor – als Metapher gelingenden und wahren Schreibens.

Gemäß der anthroposophischen Geisteswissenschaft wird zerstö-

rerische Kriegs-, also Marskraft, zukünftig zu (auf)bauender Wortkraft, zu schöpferischem Vermögen; das ist die Entwicklungsper-
spektive. Der Kriegsgott Mars ist in diesem Sinn wirklich der »Vater
aller Dinge«: als Erschaffer neuer Ordnungen, welche die alte na-
turgegebene durch eine selbsterrungene, von Menschen erschaffene
ersetzen.
Kafka beschrieb keinen äußeren Krieg, sondern überließ sich spontan seinem Inneren und was in diesem aufstieg und sich schöpferisch
zu Sätzen umgestaltete, die schließlich im Motiv der Liebe, im Namen »Jesus« – ausgesprochen durch den Mund eines Dienstmäd-
chens – und im freiwilligen Selbstopfer münden.
Der Freund im »Urteil« scheint ein Geschäftsmann zu sein. Aber
Kafka beschreibt dessen Schicksal, den Misserfolg und Zusammen-
bruch, in der Erzählung sehr drastisch und körperlich, sodass sich
der Eindruck aufdrängt, das »Geschäft« ist hier eigentlich der Krieg.
Nimmt man die Äußerung Kafkas gegenüber Felice Bauer hinzu,
entsteht die Frage, ob es sich bei jenem Freund in Russland wirklich um die bloß in den Revolutionswirren stockende Karriere eines
Kaufmanns handelt oder nicht eher um ein Scheitern auf anderem
Feld.
In den Schriften aus dem Nachlass (»Zur Frage der Gesetze«), die
etwa zwischen dem Winter 1917/18 und Frühsommer 1922 entstanden sind, finden sich mehrere Darstellungen von »Grenzkrie-
gen« und »Truppenaushebungen«. Die Protagonisten dieser Notate
sind: Kommandanten, ein Hauptmann, ein Oberst, ein General,
ein Kaiser. Beamtenhaftes geht über in *Militär*haftes. So heißt es in
dem Fragment »Unser Städtchen ...«, dass der höchste Beamte ein
Obersteuereinnehmer sei, aber den »Rang eines Obersten« habe:
»Heute ist er ein alter Mann, ich kenne ihn aber schon seit Jahren,
denn schon in meiner Kinderzeit war er Oberst, er hat zuerst eine
sehr schnelle Karriere gemacht, dann scheint sie aber gestockt zu
haben.«
Der Oberst beherrsche nun die Stadt, auf der breiten Veranda fän-
den manchmal »auch kleine militärische Übungen« statt. Das Legiti-
mationsproblem aus Kafkas Schloß-Roman taucht auf: »Ich glaube,

er hat noch niemandem ein Dokument vorgezeigt, das ihn dazu berechtigt. Er hat wohl auch kein solches Dokument. Vielleicht ist er wirklich Obersteuereinnehmer, aber ist das alles?, berechtigt ihn das auch in allen Gebieten der Verwaltung zu herrschen?«

In diesen Aufzeichnungen Kafkas finden sich außerdem lange Zwie- und Selbstgespräche, in denen sich ein Ich bei einem anderen – sich selbst? – skeptisch über die Herkunft der Macht erkundigt:

»A ... ›Sei aufrichtig: Worin besteht Deine Macht?‹

B ›Habe ich denn Macht?...‹

A ›Du willst mir ausweichen. Du unaufrichtige Seele. Vielleicht besteht Deine Macht in Deiner Unaufrichtigkeit.‹« (...)

Zurückbezogen auf die Erzählung »Das Urteil« ließe sich die Fragestellung formulieren:

Was »weiß« der Sohn Georg über die wahren (Hinter-)Gründe des Scheiterns des Freundes in Russland und was weiß der Freund über das »Teuflische« in Georg? Wer ist hier mit wem deckungsgleich?

Beachten wir an dieser Stelle noch eine weitere Facette der in den Text eingewobenen Symbolik.

Es geht hier um eine Dreierkonstellation, die sich aber wahlweise auch zu einer Zweier- oder Viererkonstellation weitet. Im Zentrum steht der Sohn Georg. Zu ihm gehört der Freund in Russland innig dazu. Des Weiteren ist er mit seiner Braut verbunden. Der Vater ist dagegen wie ein Widerstand, zu dem es den Sohn zugleich hinzieht, denn er geht ja, anstatt den Brief einfach loszuschicken, damit zu ihm. Er war sogar lange nicht mehr in dem Zimmer des Vaters gewesen. Mehrmals wird erwähnt, wie »dunkel« und verschattet es dort sei, was Georg erstaunt und verstört.

Andererseits scheint Georg gerade mit dem Vater innig verbunden und eine Zweiheit zu bilden. Die Mutter ist verstorben. Vielleicht zweifelt Georg innerlich an dem, was er tut und verkündet, und er geht zum Vater, damit dieser die Wahrheit auf-deckt – was auch geschieht: der Vater leugnet zunächst die Existenz dieses Freundes. Doch bald darauf sagt er, dass er ihn nicht nur mehr liebe als seinen eigenen Sohn Georg, sondern dass dieser Freund längst über alles

Bescheid wisse, dass er hunderttausendmal mehr wisse als Georg, also sein Bewusstsein viel weiter reiche. Und tatsächlich kulminiert der Disput in dem Moment, da der Sohn den Vater zudecken will, dieser aber urplötzlich die Decke zurückwirft und das entscheidende Urteil spricht. Er geht aus der Deckung, er deckt Georg nicht mehr, niemand deckt mehr einen anderen, alles wird aufgedeckt. – Aber was ist es?

3

Napoleon, der ganz in der Idee lebte, konnte sie doch im Bewusstsein nicht erfassen; er leugnet alles Ideelle durchaus und spricht ihm jede Wirklichkeit ab, indessen er eifrig es zu verwirklichen trachtet.

Goethe

… Vor dem russischen Feldzug kam es zwischen ihm und … Kardinal Fesch zu … Debatten über Kirchenangelegenheiten. Als der Kardinal ihn inständig bat, sich nicht gegen Gott aufzulehnen … nahm er ihn plötzlich an der Hand … und führte ihn auf den Balkon … »Blicken Sie auf den Himmel. Was sehen Sie dort?« fragte Napoleon. »Ich sehe nichts, Sire«, antwortete Fesch. – »Sehen Sie genau hin. Sehen Sie es?« – »Nein, ich sehe nichts.« – »Nun, so schweigen Sie und gehorchen Sie mir. Ich sehe meinen Stern; er führt mich.«

Dmitri Mereschkowski, »Napoleon«

… mein Zellengenosse, ein unnachgiebiger Mensch, ein gewesener Hauptmann … ist der Meinung, seine Lage gleiche etwa der eines Polarfahrers, der trostlos irgendwo eingefroren ist, der aber sicher noch gerettet werden wird oder richtiger, der schon gerettet ist, wie man in der Geschichte der Polarfahrten nachlesen kann. Und nun entsteht folgender Zwiespalt: Dass er gerettet werden wird, ist für ihn zweifellos … einfach durch das siegbringende Gewicht seiner Persönlichkeit wird er gerettet werden, soll er es aber wünschen?

Kafka, Fragment

Napoleon sei von einem anderen Stern auf die Erde gekommen, nicht aus diesem Planetensystem. Seine Spur gehe in der Akasha-Chronik verloren.

Mündliche Äußerungen Rudolf Steiners nach Sophie Stinde,
zitiert nach Karl Heyer

Wer sich verlobt, den nennt man einen Bräutigam, die Verlobte ist die Braut. Braut und Bräutigam sind in der Mysteriensprache der Evangelien ein Bild für Seele und Geist. Der Geist ist der Christus, das menschheitliche Wesen des eigenen Ich. Der »Freund des Bräutigams« bleibt »im Hintergrund«. Er »freut« sich aber, wie es im dritten Kapitel des Johannes-Evangeliums heißt, über die »Stimme des Bräutigams«.

»Zum Vater gehen« wiederum heißt in der Mysteriensprache: Sterben. Georg geht mit dem Brief ins sehr dunkle, verschattete Nebenzimmer zum Vater: Er geht – letztlich – damit sterben, er geht in seinen eigenen Tod.

Doch im Moment der Aufdeckung denkt Georg weniger an sich als an den Freund in Russland. Jener ist es, dessen Schicksal ihn in diesem Moment berührt: »Der ... Freund ... ergriff ihn, wie noch nie. Verloren im weiten Russland sah er ihn. An der Türe des leeren, ausgeraubten Geschäftes sah er ihn. Zwischen den Trümmern der Regale, der zerfetzten Waren, den fallenden Gasarmen stand er gerade noch. Warum hatte er so weit wegfahren müssen!« (Oberflächlich mag sich Kafka auf die russische Revolution bezogen haben.)

Indem die Seele Georg Bendemanns sich zu verloben versucht, arbeitet sie an ihrer Ich-Werdung, sucht sie sich zu verbinden mit dem eigenen Geist. Doch irgendwie scheint jener Freund in Russland auch Teil der eigenen Seele zu sein. Wäre es eine Erlösung auch für jene in Russland *stecken gebliebene* Seele, wenn der andere sein Ich entwickelte?

Der Vater leugnet zuerst beides: dass es die Verlobung geben wird und dass es den Freund gibt. Dann aber heißt es, der Freund wisse längst über alles besser Bescheid. Dies kann man nur aus dem Überblick der geistigen Welt heraus, nachtodlich. Weiß der Vater also, dass der Sohn gar keine Seele hat, dass er also gar nicht Bräutigam werden kann: da er noch kein eigenständiges Ich ist? Entsprechend gehorcht der Sohn dem Vater und tötet sich.

Hier wiederum muss man fragen: Wer ist der »Vater«, wofür steht *er*? *Er* verhält sich ja fast »teuflisch« und gemein zu dem gutmütigen

59

Georg. *Er* hat eine »Narbe aus seinen Kriegsjahren«, die Georg auf dem Höhepunkt des Disputs erblickt.

Der Sohn Georg scheint im Gespräch mit dem Vater zu ahnen, was ihm bevorsteht, weil er nicht in der Wahrheit lebt. Denn er lenkt »verlegen« ab, als der Vater forschend nach dem Freund und nach den tatsächlichen Verhältnissen fragt. Auch hier – wie auch bei dem Hinweis, »zweimal« habe Georg den Freund vor dem Vater »verleugnet« – fällt das Rituelle auf: zweimal fragt der Vater fast rhetorisch, ob er denn wirklich »gut zugedeckt« sei. Man fragt sich: Welche Leiche hat dieser gutbürgerliche Sohn im Keller?

Zum Zeitpunkt des sich anbahnenden russischen Feldzugs neigte sich Napoleons bis dahin so glänzend verlaufenes Geschick dem Niedergang zu. Die Sonne seines Lebens begann unterzugehen. Napoleon ahnte es im Inneren. Der Russland-Feldzug sprach das Urteil über ihn, das er unbewusst selber verlangt hatte. Mereschkowski: »Er wusste alles; er wusste, dass er sich zugrunderichtete, und konnte nicht umhin, sich zugrundezurichten, ›zu verbrennen‹, zu sterben, ›Opfer zu sein‹ … sich zu opfern … einen politischen Selbstmord« zu begehen. Die Mutter hatte es immer geahnt. Vielleicht wusste es auch ihr Sohn, vielleicht hörte er die Stimme des Schicksals und folgte ihr ergeben. Er wusste, dass seine Stunde nahe war – das Jahr 1812.«

Während in Russland 1812 für Napoleon viele Opfer gebracht und Tode gestorben wurden, bedeutete für Kafka – den »ewigen Sohn« (Peter-André Alt) – auf der Ebene *seiner* irdischen Identität »Das Urteil« 1912 die entscheidende schriftstellerische Tat: sein Zur-Welt-Kommen, eine Geburt. Doch erzählt der *Inhalt* dieses Textes gerade von einem Selbstopfer. Das erzählende Subjekt bleibt bezogen auf ein anderes, in tiefen Schichten ablaufendes Geschehen. Und von diesem scheint sich wiederum der Mensch Kafka gerade durch den Text ein Stück befreit zu haben. Im Tagebucheintrag zu der Entstehung der nächtlichen Erzählung spricht Kafka wie schon erwähnt von dem »Zusammenhang«, in dem er war, als er diesen Text schrieb, und dass »nur so« geschrieben werden könne, »mit vollständiger Öffnung des Leibes und der Seele«. Und der *Geist*?

Um in die verwirrend-traumhaften und deshalb anziehenden Bezüge Licht zu bringen, wenden wir uns an dieser Stelle wieder geistig-okkulten Gesichtspunkten zu und versuchen das Rätsel Napoleon ebenso wie das Rätsel Kafka, sofern Anknüpfungsmöglichkeiten und Äußerungen Steiners vorliegen, mit Hilfe der Anthroposophie zu betrachten.

Nehmen wir zunächst Kafkas vielfältige Selbst-Äußerungen in Auszügen hinzu.

Augenfällig ist ganz allgemein, wie häufig bei Kafka seelische Dreierkonstellationen durchgespielt werden. In »Unglücklichsein«, der wahrscheinlich Steiner vorgelegten Probe, sind es ein Ich-Erzähler, ein Kind-Gespenst und ein Hausmitbewohner.[18] In einem Brief an Milena Jesenska sowie noch einmal im Tagebuch – so treffend und gelungen schien Kafka sein eigener Vergleich geraten zu sein – entwirft er das Bild von drei Kreisen A, B, und C:

A ist der Kern – sagen wir: der Geist, die wahre Identität des ganzen Menschen, der innerste Kreis. A gibt an B etwas weiter, unter anderem die Mitteilung und die Begründung dafür, »warum er nicht leben darf«. B trägt dies nun in sich, in seiner Seele.

Diese Seele »befiehlt« nun dem auf der Körper-Ebene, der Willensebene »handelnden Menschen« C. Dieser weiß aber offenbar nun sein ganzes Leben und Handeln lang nicht, ob B »alles richtig verstanden und weitergegeben« hat, ob er also überhaupt in Übereinstimmung mit seinem innersten Wesen, seinem Ich handelt und lebt, ob er überhaupt seine eigentliche Mission erfüllt:

»… C, dem handelnden Menschen wird nichts mehr erklärt, ihm befiehlt bloß B. C handelt unter strengstem Druck … also mehr in Angst, als in Verständnis, er vertraut, er glaubt, dass A dem B alles erklärt und B alles richtig verstanden und weitergegeben hat.«

Dass es so etwas okkult geben kann, hat Rudolf Steiner bezüglich Napoleon – in gelegentlicher Gegenüberstellung zu dem Schicksal Kaspar Hausers – deutlich gemacht.[19] Hausers Mission ist verhindert worden, Napoleon seine Mission entfallen. Während eines Aufenthalts in Prag hatte Steiner im Kreis von Ludwig Polzer-Hoditz geäußert, dass er Napoleons Seele in der geistigen Welt »nicht finden«

könne, und im Dornacher Zyklus über geschichtliche Symptomatologie fügte er sinngemäß hinzu, dass es da wohl auch nichts zu finden gäbe. Im Vortrag in Berlin am 16. Dezember 1915 greift Steiner den Eindruck des Philosophen Fichte auf, das ganze »Unglück« Napoleons leite sich daraus ab, dass in dieser Persönlichkeit zwar eine große Kraft gewirkt, diese Hülle aber »keinen Seelenkern« besessen habe. Im Schloß-Roman wird dem Helden K. geantwortet, als er nach seiner Berufung fragt:

»Auch Ihre Berufung war wohl erwogen ... nur Nebenumstände haben verwirrend eingegriffen ... sei es dass der Akteninhalt ... auf dem Weg verloren gegangen ist ... jedenfalls kam ... nur ein Aktenumschlag an ... Fehler kommen ja nicht vor und selbst wenn einmal ein Fehler vorkommt, wie in Ihrem Fall, wer darf denn endgültig sagen, dass es ein Fehler ist.« Es kam nur ein Aktenumschlag an: die Hülle? Der Akteninhalt ging unterwegs verloren: der Kern?

Weshalb sich an der Erscheinung Napoleons stets die Geister schieden, die einen mehr etwas Engel- oder »Halbgott«haftes (Goethe) und den Impuls der Universalität, des Einenwollens hervorhoben, angeblich sein Herzensanliegen, die anderen wiederum nur das hybrid Dämonische und vollständig Selbstbezogene – ein Grund dafür liegt darin, dass hier ein Repräsentant von etwas erschien, dass das Rätsel Bonapartes auch für sein Zeitalter stand, dass er, wie »das Kind von Europa« Kaspar Hauser, die Menschheit angeht: Wer in sich gespalten ist, spaltet auch die Welt.

Napoleons angebliche Machtbesessenheit ist dabei vielleicht gar nicht so sehr das Entscheidende, sondern eher die monströse Selbstbezüglichkeit, sein permanenter Trieb, die Außenwelt nach seinen Vorstellungen zu dirigieren, sowie das damit einhergehende, von seinen treuesten Begleitern überlieferte ständige Nachdenken über das eigene Schicksal – bei gleichzeitigem »fortwährendem Erleuchtetsein« (Goethe), vollständigem Handeln aus dem Überblick, der feldherrenhaft beherrschten Idee, dem ungebrochenen Zusammenhang von Wille und Tat.

Leib und Seele waren sozusagen immer offen: aber um wessen Geistes willen? Das wusste Napoleon nicht. Er sei nie er selbst gewesen, bekannte er, und er, der Willensstarke, sagte sogar, dass er »keinen Willen« habe. Deshalb empfand er im Angesicht des äußeren Machtverlusts und des sich abzeichnenden Todes auf St. Helena, dass er wohl erst jetzt, da die »Haut des Tyrannen« endlich von ihm abfalle und er nicht mehr auf einem Thron sitze, für die Menschen kein »Problem« mehr darstelle und er auch für sich einen Selbst-Wert entwickle.

Es ist erstaunlich, dass Kafka bei der Niederschrift des »Urteils« eine Vitalität an den Tag legte, die er sonst kaum je zeigte, über die er aber, nach der Beobachtung seiner Freunde, wenn er von etwas überzeugt war, in hohem Maße verfügte. In einer Nacht schrieb er den Text, hinterher waren seine Füße fast eingeschlafen, er schien keinerlei physische Bedürfnisse verspürt zu haben oder er schaffte es, sie zu ignorieren – er war damals praktisch fortwährend erleuchtet, und dies war auch immer der Grund, weshalb er den Text so hochschätzte: weil er eben auf eine bestimmte Weise *entstanden* war. In solchen Momenten unmittelbarer Inspiration hatte Kafka das Gefühl, dass alles möglich war, dass er alles aus sich heben könne, dass er einen beliebigen Satz schreiben könne und er sei vollkommen. Er käme, so schrieb er, mit dem ganzen Gewicht seiner selbst auf dem Rücken in einem Gewässer vorwärts.

In späteren Lebensjahren bekannte er sich jedoch zunehmend zu Impulsen – in sich und in seinem Schreiben –, die nicht nur für ihn selbst, sondern *für die Welt* etwas bedeuteten: dass sie »reiner, wahrer, unabänderlicher« und dass, so in einem Brief an Brod, die Kunst »ein wahres Wort von Mensch zu Mensch« ermöglichen würde. Oft räsoniert er über die Universalität und »gefühlte Einheitlichkeit« der Menschen – und trifft geistig auf eben jenen Impuls, den Napoleon in sich trug, an dem dieser sich aber versündigt hatte, der ihm im Wortsinn ent*fallen* war. Napoleon »stellte sich eine Welt vor, wie er sie partiell in Europa schon verwirklicht hatte, eine Welt, in der alle Menschen in absoluter Gleichberechtigung leben sollten ohne Ansehen von Volkszugehörigkeit, Rasse und Religion …« – und jeder, nach einem Wort Friedrichs des Großen, nach seiner eigenen Fasson selig werden solle.

»Man kann sich gar nicht oft genug klarmachen, dass Napoleon das menschliche Maß nicht überschritten hat und bei allen Verbrechen, die er verantwortete, doch niemals das Böse als eigentliches Lebensziel vor sich sah ... « Die fast liebevolle Bewunderung, die, nach Eckart Kleßmann, der hier zitiert wird,[20] Napoleon von vielen entgegengebracht wurde, »mag damit zu tun haben, dass man in Napoleon schon frühzeitig so etwas wie einen irregeleiteten Genius erkannt hat, ein geistiges Potential, das auf diese Erde mit einem anderen Auftrag geschickt worden war als dem, den er dann ausführte ...«

Das Gefühl persönlicher Schuld, so der Historiker, sei Napoleon aber bis zu seinem Tod fremd geblieben – während Franz Kafka mit einem Gefühl von Schuld ins Leben trat ...

III. Zwischen Publikum und Himmel

… ich lese nämlich höllisch gerne vor, ich liebe es, in vorbereitete und aufmerksame Ohren der Zuhörer zu brüllen tut dem
armen Herzen so wohl … Weißt Du, Menschen kommandieren
oder wenigstens an sein Kommando zu glauben – es gibt kein
größeres Wohlbehagen für den Körper … Als Kind … träumte
ich gern davon, in einem großen mit Menschen angefüllten Saal
… die ganze »Education sentimentale« ohne Unterbrechung …
natürlich französisch (o du meine liebe Aussprache!) vorzulesen
und die Wände sollten widerhallen.

Franz Kafka, Brief an Felice Bauer vom 4./5. Dezember 1912

Gerätst Du leicht in Zorn? Ich nicht eigentlich, wenn ich aber
einmal in ihn komme, dann fühle ich mich wirklich Gott näher
als sonst. Wenn sich das Blut mit einemmale von oben bis unten
erhitzt, die Fäuste in den Taschen zucken, der ganze versammel-
te Besitz von jeder Selbstbeherrschung sich lossagt und diese
Ohnmacht, sich zu beherrschen, von der andern und zwar der
eigentlichen Seite aus gesehn, eine Macht bedeutet …

Brief an Felice, 22.12.1912

... Ich spürte eine Wirkung ... auf mich, wie sie Salomo hat spüren müssen, als er junge Mädchen ins Bett nahm. Ich hatte sogar eine leichte Wirkung Napoleons, der in einer systematischen Phantasie ... aus dem Eingangstürchen trat ... Er drückte den ganzen Saal, der in diesen Augenblicken dicht gefüllt war nieder. So nah ich ihm eigentlich war, ich hatte und hätte auch in Wirklichkeit niemals Zweifel an seiner Wirkung gehabt. Ich hätte jede Lächerlichkeit seines Aufzuges vielleicht bemerkt ..., aber dieses Bemerken hätte mich nicht gestört. Wie kühl war ich dagegen als Kind! Ich wünschte mir oft dem Kaiser entgegengestellt zu werden, um ihm seine Wirkungslosigkeit zu zeigen. Und das war nicht Mut, nur Kühle.

Franz Kafka, Tagebuch vom 12.11.1911

... in einer guten Sammlung von Aussprüchen Napoleons, in die ich seit einiger Zeit immer wenn ich nur kann hineinschaue, wird dieser Ausspruch berichtet »Es ist fürchterlich kinderlos zu sterben« und wehleidig war er durchaus nicht; Freunde z.B. waren ihm, ob freiwillig oder durch Zwang, entbehrlich, einmal sagte er: »Ich habe keinen Freund außer Daru, der gefühllos und kalt ist und zu mir passt.« Und in welch wahre Tiefe dieser Mensch zurückreichte, erkenne aus dieser Bemerkung: »Der wird nicht weit kommen, der von Anfang an weiß, wohin er geht.« Man darf ihm also schon das Fürchterliche der Kinderlosigkeit glauben. Und das auf mich zu nehmen, muss ich mich bereit machen, denn ... dem Wagnis Vater zu sein, würde ich mich niemals aussetzen dürfen.

Kafka, Brief an Felice, 30./31. Dezember 1912

Gerade damals glaubte ich den Kaiser selbst in einem Fenster des Palastes gesehen zu haben; niemals sonst kommt er in diese äußeren Gemächer, immer nur lebt er in dem innersten Garten ... Der kaiserliche Palast hat die Nomaden angelockt, versteht es aber nicht, sie wieder zu vertreiben ... Uns Handwerkern und Geschäftsleuten ist die Rettung des Vaterlandes anvertraut; wir sind aber einer solchen Aufgabe nicht gewachsen; haben uns doch auch nie gerühmt, dessen fähig zu sein. Ein Missverständnis ist es, und wir gehen daran zugrunde.

Franz Kafka, »Ein altes Blatt«

Wohl in Erinnerung der Schlacht von Lodi 1796 delirierte Napoleon ein paar Minuten vor seinem Tod von einem Kampf um eine Brücke. Der junge Held war damals in einen Sumpf gefallen, war dann von seinen durch ihn neuen Mut fassenden Soldaten herausgezogen worden und hatte schließlich doch noch den Sieg davongetragen.

An der Todesschwelle 1821 taucht also das Motiv der Brücke auf. Hundert Jahre später, 1921/22, schreibt Franz Kafka an seinem letzten Roman »Das Schloß«. Er beginnt auf einer Brücke. Hier scheint es die Geburtsschwelle zu sein, um die es geht – der Roman kreist um die Geburt der eigenen wahren Identität. Kafka kann sie nur im Kampf und als Kampf mit der Gemeinschaft erringen und beschreiben. Der Roman endet als Fragment.

Auch auf der Lebensebene, in der eigenen biografischen Realität, hat Kafka sein Ich nicht endgültig ausgebildet in seiner Inkarnation. Vielmehr hat er durch das Schreiben einen »Ersatzkörper« (Joachim Unseld) geschaffen. Das Fragment endet mit einem Ausblick: dem von Max Brod überlieferten Plan Kafkas, den Landvermesser K. doch »unter Berücksichtigung gewisser Nebenumstände« im Dorf leben lassen zu dürfen.

Brod hat Kafkas letzten Roman teilweise stark überhöht. So schreibt er 1926 im Nachwort zur ersten Ausgabe, »Das Schloß« habe »für alle … Schwierigkeiten oder gar Unmöglichkeiten des Menschseins und die durch unsere Wirrnisse schwach durchleuchtende Ahnung einer höheren Sphärenordnung … einen geradezu vollkommenen Ausdruck … geformt«.

Für die Zwecke des Vergleichs, den Brod dann im nächsten Satz zieht, hätten sich auch zahlreiche andere historische Phänomene geeignet; Brod aber wählt relativ unvermittelt und durch keinen aktuellen Bezug gerechtfertigt – Napoleon:

»Dass die an manchen Stellen vielleicht zunächst befremdende Ausführlichkeit absolut mit zum Wesen dieser Vollkommenheit gehört, wird nur der nicht verstehen, der es noch nie versucht hat, sich über irgendeine Tatsache des Lebens (zum Beispiel über Napoleon) und ihre Einordnung in den ›rechten Weg‹ (sei es des Mannes selbst, sei es der Menschheit) ein Urteil zu bilden.«

Am 30. März 1924, dreizehn Jahre nach der Begegnung mit Kafka, war Rudolf Steiner zum letzten Mal in Prag und hielt einen seiner Karma-Vorträge. In diesen Wochen schrieb der ebenfalls zum letzten Mal in seiner Heimatstadt weilende todkranke Kafka seine letzte Erzählung, eine Phantasie über die Macht (der Musik) über ein Volk (der Mäuse): »Josefine die Sängerin«. Steiner macht in dem Vortrag allgemeine Aussagen über karmische Gesetzmäßigkeiten. Hans

Paul Fiechter wies darauf hin, dass diese für die mögliche innere Beziehung Kafkas zu Steiner, auf die Zukunft hin, von Bedeutung sein könnten. Aufmerken lässt an diesem Vortrag ein Detail: Steiner bezieht sich zur Illustration einer bestimmten Art der Schicksalsbegegnung auf das Beschreiben und genaue Festhalten der *Nase* eines anderen Menschen; er wiederholt dieses Motiv mehrmals. Es deute darauf hin, dass man mit einem Menschen von der Vergangenheit her noch nicht zusammenhinge, sondern erst in der Zukunft auch *innerlich* eine Verbindung einginge. Kafka hatte in seinem Tagebuch, in dem er das Gespräch mit Steiner dokumentiert hatte, als Schlussbild Steiners Schnupfen festgehalten und genauestens beschrieben, wie sein Gegenüber sich die Nase putzte.

Was mag die geistige Brücke sein, über welche die Individualität Kafkas eine neue Beziehung zu Rudolf Steiner entwickeln könnte? Damals erbat Steiner – als eine mögliche Brücke für den Geistesforscher zu der Individualität *Kafkas* hin – einige literarische Textbeispiele von dem Autor. Mit einem recht unterwürfigen, bezüglich des Beigelegten gleichsam im Vorhinein den Rückzug antretenden Brief erfüllte Kafka die Bitte. Vermutlich übersandte er Steiner Texte aus dem aktuellen Band »Betrachtung«; Andreas B. Kilcher nennt hier die Erzählung »Unglücklichsein«. Doch die Prosa dieses 1912 publizierten Buches ist keineswegs so betrachtend, wie sein Titel nahelegt, sondern bringt zahlreiche Kampf-Gesten: Schon der erste Text »Kinder auf der Landstraße« variiert das Thema unterschwellig:
»Wir durchstießen den Abend mit dem Kopf ... Bald rieben sich unsere Westenknöpfe aneinander wie Zähne, bald liefen wir in gleich bleibender Entfernung, Feuer im Mund ... Wie Kürassiere in alten Kriegen ... Wir machten den Angriff ...«
»Entlarvung eines Bauernfängers« schließlich endet mit einer Herrscher-Vision:
»Dann eilte ich die Treppe hinauf und die so grundlos treuen Gesichter der Dienerschaft oben im Vorzimmer freuten mich wie eine schöne Überraschung. Ich sah sie alle der Reihe nach an, während man mir den Mantel abnahm und die Stiefel abstaubte. Aufatmend

und langgestreckt betrat ich dann den Saal« – fast möchte man der Szene den Ausruf der Dienerschaft unterjubeln: ›Kaiser Napoleon lebt! Wenigstens er hat die russische Hölle überstanden!‹

»Der Kaufmann« wiederum ist in Wahrheit das Portrait eines Triumphators:

»Es ist möglich, dass einige Leute Mitleid mit mir haben, aber ich spüre nichts davon.«

Nach diesem Beginn folgt der Leser der Ich-Figur in einen schlichten Fahrstuhl, der sich aber unversehens in einen Aufstieg zu höchsten Weihen verwandelt:

»… die Treppengeländer gleiten an den Milchglasscheiben hinunter wie stürzendes Wasser. ›Flieget weg; Euere Flügel, die ich niemals gesehen habe, mögen Euch ins dörfliche Tal tragen oder nach Paris, wenn es Euch dorthin treibt. Doch genießet die Aussicht des Fensters, wenn die Prozessionen aus allen drei Straßen kommen … Winket mit den Tüchern, seid entsetzt, seid gerührt, lobet die schöne Dame, die vorüberfährt. Geht über den Bach auf der hölzernen Brücke, nickt den badenden Kindern zu und staunet über das Hurra der tausend Matrosen auf dem fernen Panzerschiff …‹«

Im übernächsten Stück begeben wir uns dann mit dem Autor auf folgenden »Nachhauseweg«:

»… Meine Verdienste erscheinen mir und überwältigen mich, wenn ich mich auch nicht sträube. Ich marschiere und mein Tempo ist das Tempo dieser Gassenseite, dieser Gasse, dieses Viertels. Ich bin mit Recht verantwortlich für alle Schläge gegen Türen, auf die Platten der Tische, für alle Trinksprüche, für die Liebespaare in ihren Betten … Ich schätze meine Vergangenheit gegen meine Zukunft, finde aber beide vortrefflich, kann keiner von beiden den Vorzug geben und nur die Ungerechtigkeit der Vorsehung, die mich so begünstigt, muss ich tadeln …«

Doch ziehen sich auch Schuld-Motive durch diese Prosa, wie in »Die Vorübergehenden«: »… vielleicht verfolgen beide einen dritten, vielleicht wird der erste unschuldig verfolgt, vielleicht will der zweite morden, und wir würden Mitschuldige des Mordes, vielleicht wissen die zwei nichts von einander …«

Und was ist mit dem Verlassenen in »Das Gassenfenster«, der »gar nichts sucht und nur als müder Mann, die Augen auf und ab zwischen Publikum und Himmel, an seine Fensterbrüstung tritt, und er will nicht und hat ein wenig den Kopf zurückgeneigt ...«?

»... so reißen ihn doch unten die Pferde mit in ihr Gefolge von Wagen und Lärm und damit endlich der menschlichen Eintracht zu.«

Der Band endet mit dem Gespenster-Gespräch »Unglücklichsein«:

»... Ich sagte: ›Wollen Sie tatsächlich zu mir? Ist es kein Irrtum? ... Bin ich ... der, den Sie besuchen wollen? ‹ [...]

» ... ›Ich bin ein Kind, warum soviel Umstände mit mir machen?‹

›... Aber ... Sie sind schon ganz erwachsen ...‹

[...]

›... Sie sagen, Ihre Natur zwinge Sie ...? ... Ihre Natur ist meine, und wenn ich mich von Natur aus freundlich zu Ihnen verhalte, so dürfen auch Sie nicht anders.‹

›Ist das freundlich?‹

›Ich rede von früher.‹

›Wissen Sie, wie ich später sein werde?‹

›Nichts weiß ich.‹

[...]

›Ja meinen Sie denn, ich glaube an Gespenster? ...‹

›... Sie müssen eben keine Angst mehr haben, wenn ein Gespenst wirklich zu Ihnen kommt.‹

›... Die eigentliche Angst ist die Angst vor der Ursache der Erscheinung.‹ [...] Das ist ein Hinundher. Diese Gespenster scheinen über ihre Existenz mehr im Zweifel zu sein als wir.‹ [...]«

In dem mit jenen Texten stilistisch und motivisch verwandten »Gespräch mit dem Betrunkenen«, das 1909 in der Zeitschrift »Hyperion« erschien, tauchen erneut Paris-Reminiszenzen auf:

»»... Sie ... kommen sicher ... aus dieser großen Stadt Paris. Der ganze unnatürliche Geruch des ausgleitenden Hofes von Frankreich umgibt Sie.‹

›Sicher haben Sie mit Ihren gefärbten Augen jene großen Damen gesehn, die schon auf der hohen und lichten Terrasse stehn, sich in schmaler Taille ironisch umwendend, während das Ende ihrer auch auf der Treppe ausgebreiteten bemalten Schleppe noch über dem Sand des Gartens liegt. – Nicht wahr, auf langen Stangen, überall verteilt, steigen Diener in grauen frechgeschnittenen Fräcken und weißen Hosen … sie müssen an Stricken riesige graue Leinwandtücher von der Erde heben und in der Höhe spannen, weil die große Dame einen nebligen Morgen wünscht … Wirklich, ist es wahr, Sie kommen, Herr, aus unserem Paris, aus dem stürmischen Paris …?‹

[…]

›Nicht wahr, diese Straßen von Paris sind plötzlich verzweigt; sie sind unruhig, nicht wahr? Es ist nicht immer alles in Ordnung, wie könnte es auch sein! Es geschieht einmal ein Unfall …‹«

Die stark expressionistisch gefärbte Darstellung offeriert dann noch »acht edle sibirische Wolfshunde«, die aber vielleicht nur »verkleidete junge Pariser Stutzer sind«, schließlich verabschiedet sich der betrunkene Gesprächspartner mit dem Hinweis, er müsse jetzt in sein Bett bei seinem »Schwager am Wenzelsplatz«:

»… ›Ich geh jetzt. – Ich weiß … nur nicht, wie er heißt und wo er wohnt – mir scheint, das habe ich vergessen – aber das macht nichts, denn ich weiß ja nicht einmal, ob ich überhaupt einen Schwager habe. … Glauben Sie, dass ich ihn finden werde?‹

Darauf sagte ich ohne Bedenken: ›… Sie kommen aus der Fremde und Ihre Dienerschaft ist zufällig nicht bei Ihnen. Gestatten Sie, dass ich Sie führe.‹«

Auch in den Tagebuchaufzeichnungen vom Anfang des Jahres 1922 – Kafka befand sich im verschneiten Kurort Spindelmühle – tauchen immer wieder Bilder eines Feldherrn auf. Auszugsweise seien ebenfalls einige dieser Passagen zusammengestellt. Insbesondere die nachfolgende Geschichte vom Feldherrn am Fenster, an dessen – schlechtes? – Gewissen die Frage des Soldaten rührt, lässt an Napoleons eigennützige Flucht aus der Schneehölle Russlands denken.

»10. Februar 1922. Neuer Angriff … Es ist klarer als irgendetwas sonst, dass ich, von rechts und links von übermächtigen Feinden angegriffen, weder nach rechts noch links ausweichen kann, nur vorwärts hungriges Tier führt der Weg zur essbaren Nahrung, atembaren Luft, freiem Leben, sei es auch hinter dem Leben. Du führst die Massen, großer langer Feldherr, führe die Verzweifelten durch die unter dem Schnee für niemanden sonst auffindbaren Passstrassen des Gebirges. Und wer gibt Dir die Kraft? Wer Dir die Klarheit des Blickes gibt.

Der Feldherr stand beim Fenster der verfallenen Hütte und blickte mit aufgerissenen, unschließbaren Augen in die Reihen der draußen im Schnee und trübem Mondlicht vorbeimarschierenden Truppen. Hie und da schien es ihm, als mache ein Soldat außerhalb der Reihen beim Fenster halt, drücke das Gesicht an die Scheiben, blicke ihn kurz an und gehe dann weiter. Trotzdem es immer ein anderer Soldat war, schien es immer der gleiche zu sein, ein Gesicht mit starken Knochen, dicken Wangen, runden Augen, rauer gelblicher Haut und immer während er wegging, brachte er das Riemenzeug in Ordnung, zuckte mit den Schultern und schwang die Beine, um wieder in Taktschritt mit der im Hintergrund unverändert marschierenden Masse zu kommen. Der Feldherr wollte dieses Spiel nicht länger dulden, lauerte auf den nächsten Soldaten, riß vor ihm das Fenster auf und packte den Mann an der Brust. ›Herein mit Dir‹ sagte er und ließ ihn durch das Fenster einsteigen. Dort trieb er ihn vor sich in eine Ecke, stellte sich vor ihn und fragte: ›Wer bist Du?‹ ›Nichts‹ sagte ängstlich der Soldat. ›Das ließ sich erwarten‹ sagte der Feldherr. ›Warum hast Du hereingeschaut?‹ ›Um zu sehn ob Du noch hier bist.‹

5. März. Drei Tage im Bett. Kleine Gesellschaft vor dem Bett. Umschwung. Flucht. Vollständige Niederlage. Immer die in Zimmern eingesperrte Weltgeschichte.

15. März 1922. Sich flüchten in ein erobertes Land und bald es unerträglich finden, denn man kann sich nirgendhin flüchten«

Es finden sich in diesem Umkreis allerdings ebenso Reflexionen, die mehr in die Zukunft blicken, die eine Wesensebene tangieren. So schreibt Kafka am 13. Februar 1922 scheinbar zusammenhanglos den Satz: »Die Möglichkeit aus voller Brust zu dienen.«

Am 26. Februar: »Ich gebe es zu – wem gebe ich es zu?... – dass es in mir Möglichkeiten gibt, nahe Möglichkeiten, die ich noch nicht kenne, aber nur den Weg zu ihnen finden und wenn ich ihn gefunden habe, wagen! Dieses bedeutet sehr viel: es gibt Möglichkeiten, es bedeutet sogar, dass aus einem Schuft ein ehrenhafter Mensch werden kann, ein in Ehrenhaftigkeit glücklicher Mensch.«

Am 18. März 1922: »Noch nicht geboren und schon gezwungen zu sein, auf den Gassen herumzugehn und mit Menschen zu sprechen« Das Schreiben bricht dann ab mit dem Satz: »Mehr als Trost ist: Auch Du hast Waffen.«

Im selben Sommer lernt Kafka in Müritz an der Ostsee Dora Dymant kennen, mit der er im letzten Lebensjahr in Berlin, todkrank, den Neuanfang wagt und den Keim für eine mögliche Zukunft legt: ein waghalsiger Schritt, den er mit dem Russland-Feldzug Napoleons vergleicht und der auch deshalb für Kafka so ungewöhnlich war, weil er sich normalerweise schon bei kleinsten Reisen oft kaum zum Aufbruch entscheiden konnte. In einem Brief an Milena vom 31. Mai 1920 charakterisiert er den Zustand seines Kopfes und den Versuch, in solchen Situationen den Überblick zu behalten so, »wie es Napoleon hätte sein müssen, wenn er bei Entwerfen der Pläne für den russischen Feldzug gleichzeitig ganz genau den Ausgang gewusst hätte«.[21]

2

Ich liebe die Macht, wie ein Künstler … wie ein Geiger seine Geige liebt … Ich liebe die Macht, um ihr Töne zu entlocken, Wohlklang, Harmonien …

Napoleon

Was treibt das Volk dazu, sich für Josefine so zu bemühen? … So sorgt also das Volk für Josefine in der Art eines Vaters, der sich eines Kindes annimmt … Josefine ist … der gegenteiligen Meinung … sie glaubt, sie sei es, die das Volk beschütze … Und doch ist es wahr, dass wir gerade in Notlagen noch besser als sonst auf Josefines Stimme horchen. Die Drohungen … machen uns … für Josefines Befehlshaberei gefügiger … es ist, als tränken wir noch schnell … gemeinsam einen Becher des Friedens vor dem Kampf. Es ist nicht so sehr eine Gesangsvorführung als vielmehr eine Volksversammlung …

Franz Kafka, Josefine die Sängerin oder Das Volk der Mäuse

Ich glaube zuweilen, dass alles möglich ist, was diesem seltsamen Menschen in den Sinn kommt, und wer kann wissen, was ihm bei seiner Phantasie noch einfallen wird.

Napoleons erste Frau Josephine

Wenn die Franzosen ihrem Wesen nach Deutsche wären, wie würden sie dann erst von den Deutschen bewundert sein

Kafka, Tagebuch v. 17.12.1910

Die Exposition von Kafkas »Schloß«-Roman besteht – hierin der Geschichte Kaspar Hausers eigentümlich ähnlich – im rätselhaften Auftreten eines Menschen, den niemand kennt, niemand erwartet hat, niemand in Liebe empfängt, in einer dörflichen Gemeinschaft. Dieser Ort wird von einem Schloss regiert. Bald treten einige Protagonisten aus diesem sozial-bürokratischen Gebilde stärker hervor,

die sich teils abwartend-freundlich-bemüht, teils feindselig-prüfend
mit dem Ankömmling K. befassen. Man weiß nicht: Ist er ein Betrü-
ger, ist er der angeblich berufene und somit zum Schloss gehörende
Landvermesser, also Land-Ordner? Er weiß es wohl selber nicht beziehungsweise er spielt mit verschiedenen Möglichkeiten. Er nimmt
den Kampf gegen dieses Schloss auf, um wenigstens auf diese Weise
eine Identität zu empfinden.

Der historische Hauptvorwurf, den die Nachwelt gegenüber Napoleon erhebt, ist, dass er die Menschen funktionalisierte und für seine
Zwecke missbrauchte – und dies auch noch zu Zwecken, die ihm
nach eigenem Bekunden gar nicht einsichtig, sondern wie auferlegt
schienen: Macht als solche, Kampf als solcher. Zu Napoleons Guns-
ten wurde von Geschichtsschreibern ins Feld geführt, dass er selber
ja gar nicht die Kriege gewollt habe, sondern dass er Ordnung hatte
schaffen wollen.

Vor diesem Hintergrund ist der *Beruf* des Landvermessers K., der
Hauptfigur in »Das Schloss«, für uns von Interesse. Der Sinn einer
Landvermessung ist das Ordnen des Landes. Man weiß aber zu Beginn des Textes als Leser nicht – im Grunde weiß es auch der Held
und wusste es vielleicht auch der Autor nicht –, ob K. wirklich als
Landvermesser bestellt wurde oder nicht. Vergaßen es die Schloss-
behörden oder vergaß es K.? Er gibt es nämlich nur spontan als
seinen Auftrag an. Auf einer anderen Ebene macht der Text deutlich,
dass K. vor allem in Angriff und Verteidigung denkt. Mit anderen
Worten: Mit seiner *Identität* ist etwas nicht in Ordnung. Die Leute
spüren es. Als K. Kontakt zu dem Lehrer sucht, einem »kleinen
befehlshaberischen Mann«, antwortet dieser ihm »laut auf Französisch«: »Nehmen Sie Rücksicht auf die Anwesenheit unschuldiger
Kinder!«

Man kann den Roman auch lesen als den Versuch einer Herrscher-
gestalt, zurück in die eigene politische Macht zu streben – die in
der Realität oft durch Schlossbauten repräsentiert wird –, was aber
nicht mehr ohne Weiteres möglich ist. Stattdessen erlebt sich die
Persönlichkeit in einer Isolation, in einer inneren Verbannung. Die
Herrscherallüren entspringen, wie bei dem kleinen Prosastück über

einen vom Himmel gefallenen General ohne Heer, bloßer Behauptung, einer Attitüde.

Kafkas erstes Romanfragment »Der Verschollene« präsentierte dagegen eine charakterlich noch ganz anders gepolte Hauptfigur. Karl Rossmann ist naiv, kindlich vertrauensselig und selber Opfer einer Verführung durch andere. Doch auch hier beginnt die Geschichte der Verwicklungen des Helden mit einem Vergessen: dem *Vergessen einer Sache, die zu einem gehört, im Augenblick der Ankunft* – am Ziel, am Ausgangspunkt der Geschichte. Hier ist es Rossmanns Regenschirm, den er, kaum dass sein Schiff im Hafen von New York anlegt, vergisst und den er so absurd aufwendig zu suchen beginnt, dass er sich in den Gängen im Bauch des Dampfers heillos verirrt und schließlich als Vermittler in eine Auseinandersetzung um einen Heizer hineingezogen wird. Diese wiederum bestimmt dann sein weiteres Geschick – denn dort wird er zufällig seinen ihn erwartenden Onkel treffen.

Napoleons Niederlage in Russland war nicht zuletzt durch einen für Napoleon eigentlich untypischen Fehler verursacht worden. Napoleon hatte dem russischen Zaren Alexander I. zu sehr vertraut und offenbarte dabei einen Mangel an Menschenkenntnis, der letztlich zurückgeht auf fehlendes Interesse für fremde Gesichtspunkte, also solche, die nicht im eigenen Vorstellungskreis liegen. Doch auch äußerlich hatte ihn Moskau verändert: War er früher zeitweise fast mager gewesen, so jetzt zunehmend fett und ungewohnt apathisch. Vor allem aber erstaunt, wie lange er noch auf eine Einigung mit Alexander hoffte und wie viele Kontaktversuche er unternahm, auf die Alexander allesamt nicht reagierte – als sei, in einem ganz anderen Sinne, *der Zar* Teil einer unsichtbaren (Schloss-)Behörde, die Napoleons Vertrauen ausnutzt, während sonst *Napoleon* die Umwelt zu funktionalisieren gewohnt war – die Haupteigenschaft des angeblichen Landvermessers K. in seinem Streben Richtung Schloss.

Funktionalisierungen sind es auch beim privaten Kafka – genauer gesagt, vergleichbar mit Napoleons zahlreichen Verlautbarungen und Proklamationen, sind es stets *Briefe* –, mit denen sich Kafka der Außenwelt sowohl strategisch zuwendet als auch manisch vor ihr verbarrikadiert. Und wo ist wirklich ein qualitativer Unterschied zwischen der strikt machtpolitisch motivierten Ehe Napoleons mit der Erzherzogin Marie-Louise und Kafkas wie eine Kopfgeburt wirkender Wahl Felice Bauers als potenzieller zukünftiger Braut? Während ihrer ersten Begegnung fand er sie laut Tagebuch unattraktiv, später aber schien ihm ihre möglicherweise hilfreiche Rolle innerhalb seines privaten Mythos zu dämmern. Er schoss sie schließlich mit nahezu täglichen Briefen quasi sturmreif. (Dass eine solche Betrachtungsweise Felice Bauers Leben und Persönlichkeit ganz sicher nicht umfasst, steht außer Frage.)

In »Eine kaiserliche Botschaft« wird das Motiv des Schloss-Romans in Miniaturform durchgeführt. Ein sterbender Kaiser übermittelt einem Boten eine wichtige Botschaft. Der Bote macht sich auf den Weg, mit dem »Zeichen der Sonne auf der Brust«, doch er kommt nicht durch, »niemals«, so bemerkt der Erzähler, der den Leser als Du anspricht – oder ist es ein Selbstgespräch? –, niemals könne es geschehen, obwohl gerade dem Ich, dem »jämmerlichen Untertan«, diese Botschaft gilt, der passiv in seinem Zimmer Liegende erträume sie sich, »wenn der Abend kommt«.

Ist diese Botschaft eines Kaisers jene nach Rudolf Steiner vergessene Mission der Napoleon-Seele, welche von deren wahrem Ich vom geistigen Sterbebett – dem Himmel – ausgesandt wird, um den »Untertanen«, also das niedere Selbst Napoleons, das schon dabei war, im (Wider-)Sinne seiner Mission vor dem Erdenpublikum zu handeln, doch noch zu erreichen? So wäre der Bote, der nicht durchdringt, wahrlich ein *angelos*, ein Engel, und damit die geistige Welt selber, der sich der irdische Napoleon verschließt, weil er in Kategorien von Macht und Unterordnung denkt und sein Begriff vom Geist traumhaft ist, weil seine Seele nicht von Eigenbewusstsein erleuchtet wird.

Als umgekehrtes Verhältnis taucht diese Tragik im Schloss-Roman Kafkas wieder auf: Nun verschließt sich das »Schloss«, die geistige Welt, dem zurückstrebenden Menschen.

78

Mein Unglück ist, dass ich alle Menschen … mit dem Verstand, mit dem Herzen für gut halte … nur irgendwie mein Körper kann es nicht glauben.

Franz Kafka, Brief an Milena Jesenska vom 31. August 1920

Dann in »Aussprüche Napoleons« geblättert. Wie leicht wird man augenblicksweise ein Teilchen der eigenen ungeheueren Vorstellung Napoleons! Dann ging ich schon kochend nach Hause, keiner meiner Vorstellungen konnte ich standhalten, ungeordnet, schwanger, zerrauft, geschwollen, in der Mitte meiner um mich herum rollenden Möbel, überflogen von meinen Leiden und Sorgen, möglichst viel Raum einnehmend, denn trotz meines Umfanges war ich sehr nervös, zog ich im Vortragssaal ein.

Franz Kafka, Tagebuch 17.10.1911

3

›… Zu dir muß ich gehen ins Schloß. Der Bote ist treu, Gott wird ihn führen und die Sonne ihm leuchten. Sprich zu ihm, gib mir Kunde durch ihn.‹

Jakob Wassermann, »Caspar Hauser oder Die Trägheit des Herzens«

Ich habe für Felice die Liebe eines unglücklichen Feldherrn zu der Stadt die er nicht erobern konnte.

Kafka 1920 an Max Brod

Es war nur eine kurze, melancholische Zwischenstation in jenem Schloss, das Joséphine so geliebt hatte … Aber selbst hier gab es für ihn kein Bleiben … Napoleon (nahm) … mit den Worten Abschied: »Wie schön ist doch Malmaison! Wer wäre nicht glücklich, hier bleiben zu können?« Zum ersten Mal in seinem Leben sprach Napoleon einen solchen Gedanken aus.

Johannes Willms, »Napoleon«

Zu seinen Lebzeiten hat er die Welt verfehlt, nach seinem Tod aber hat er sie besessen.

Chateaubriand

Kann der fiktive Fall K. probeweise als eine Art Doppelgänger-Schicksal desjenigen Kaspar Hausers gelesen werden? Die Geschichte des K. Hauser folgt zunächst der gleichen Exposition. In der Stadt-Gemeinschaft Nürnberg taucht eines Tages ein Fremdling auf, den niemand kennt, niemand erwartet hat, kaum jemand in Liebe empfängt. Über der Stadt thront die Nürnberger Burg, wo Kaspar zunächst gefangen gehalten wird. Bald entsteht ein Umkreis von Menschen um Hauser, die sich, teils freundlich und helfend gesonnen, teils misstrauisch-bürokratisch um ihn bemühen. Kaspar Hauser jedoch ist im Gegensatz zu K. kein Kämpfer, sondern ein Kind. Hauser bewahrt sich eine unschuldige Reinheit. Eher sind es negative Einflüsse und Gestalten von außen, die in dem hilflosen Wesen doppelgängerhafte Verhaltensweisen hervorrufen: zeitweilige Versuche, zu lügen, Zornmütigkeit.

Das Motiv des *Kindlichen* beziehungsweise des *Kindes* – und zunächst nur dieses Motiv berechtigt uns, jene Analogie in zarten Strichen zu zeichnen – war für Kafka biografisch bedeutend. Er selbst wurde im Zeichen des Krebses geboren, das traditionell mit dem Themenkreis Familie in Verbindung gebracht wird. Seine Kindheit war von besonderen Schicksalsumständen begleitet. So starben zwei Brüder kurz nach ihrer Geburt, das Kind Franz mochte dadurch die Schuld und das schlechte Gewissen desjenigen empfunden haben, der als einziger männlicher Nachkomme überlebt hat. Kafka blieb der einzige und ältere Bruder dreier Schwestern. Aufgrund ihres Eingespanntseins in das Geschäft erlebte das Kind die Eltern häufig als Abwesende; Dienstmädchen zogen es hauptsächlich auf. Hinzu kommt – unabhängig von nahe liegenden psychoanalytischen Deutungen dieser frühkindlichen Phase Kafkas –, dass Kindlichkeit ein von vielen bezeugter Wesenszug Kafkas war. Milena Jesenska überlieferte uns das Staunen Kafkas, der sich in den Gegenständen der Welt oft verirrte und nicht zurechtfand und alle, die praktisch begabt waren, grenzenlos bewunderte. Noch als Vierzigjähriger – also schon Kranker – wirkte er auf viele wie ein Jüngling, der von arglosen Touristen gebeten wurde, sie über den See zu rudern.

(In eine Seminarbesprechung mit Waldorflehrern vom 22. August 1919 hat Rudolf Steiner einmal eingeflochten, der Vollcholeriker Napoleon sei »überhaupt nicht über das Jünglingsalter hinaus« gekommen, um dann im nächsten Satz anzumerken, dass man als ein solcher typischer lebenslanger Jüngling »um so mehr Anlage zur Dichtkunst« habe.)

Lebenslang interessierte sich Kafka für neue Wege in der Pädagogik und für Fragen der Erziehung, was sich in vielerlei Ratschlägen an die Schwestern bezüglich seiner Nichten und Neffen niederschlug. Das einzige Buch Rudolf Steiners, das Kafka besaß und nach den Gebrauchsspuren zu urteilen wohl wirklich gelesen hat, war »Die Erziehung des Kindes vom Gesichtspunkte der Geisteswissenschaft«.

Kinder spielen indirekt eine Vermittler-Rolle in den letzten Jahren seines Lebens. Denn eine Gruppe jüdischer Ferienkinder und deren Betreuerinnen wurden im Jahr 1923 in Graal-Müritz an der Ostsee zum Anstoß für Kafka, sich endlich von seiner Kindheit zu befreien und zum ersten Mal von seiner Vaterstadt Prag – »Dieses Mütterchen hat Krallen«, schrieb er einmal – wegzuziehen: In dem Ferienort bei Rostock befand sich deren Lager zufällig in seiner unmittelbaren Nachbarschaft; Kafka mochte die Nähe der Kinder, man lernte sich kennen, zwei Erzieherinnen freundeten sich mit dem kranken »Doktor« an, und eine von ihnen, Dora Dymant, wird schließlich die Frau, mit der Kafka in der letzten Phase seines Lebens in Berlin-Zehlendorf eine Wohnung nehmen und so den Schritt weg von Prag in eine bescheidene und schon vom Tod gezeichnete Eigenständigkeit schaffen wird. Viele seiner Bekannten begleiteten dieses von Kafka ja selber mit Napoleons Russland-Krieg verglichene Abenteuer durchaus mit Sorge.

Kafka wurde in Berlin als Todkranker eigentlich zum ersten Mal erwachsen. Er lebte zum ersten Mal mit einer Frau in einer Wohnung zusammen. Er legte zugleich den Keim zu einer Entwicklung, die sich aber in diesem Leben nicht mehr erfüllen oder runden konnte. Aufgrund der schwierigen wirtschaftlichen Umstände im Berlin der Inflation wurde sein Gesundheitszustand immer schlimmer, und am 17. März 1924 wurde Kafka zurück nach Prag transportiert, zum alten »Mütterchen«.

Die Frage, ob Kafka vielleicht Vater eines Kindes war, das er jedoch nie sah und von dem er möglicherweise auch nie etwas erfuhr – als Mutter wurde Felice Bauers Freundin Grete Bloch, mit der Kafka wohl mindestens geistig liiert war, ins Spiel gebracht –, ist in der Kafka-Forschung immer wieder Gegenstand verschiedener Spekulationen gewesen. Ergiebiger scheint indes die Frage: Wofür steht das Kind bei Kafka?

Es ist, als begegneten sich in Franz Kafka die Napoleon-Möglichkeit und die Kaspar Hauser-Möglichkeit – großartige Schuld und kindliche Unschuld, hochtragisches geistiges Versagen und extreme spirituelle Potenz, Christus-Ferne und Christus-Verständnis.

Damit kann zunächst keine Wesensebene gemeint sein, denn die fraglose Identifikation dieser intimen Zusammenhänge muss dem Eingeweihten vorbehalten bleiben. Hier ist es als Fragerichtung zu verstehen: hindeuten kann es auf die zentrale karmische Aufgabe dieses Schicksals, den Kampf zwischen zwei extremen Einseitigkeiten zu *repräsentieren*. Wenn man bedenkt, dass dies auch der Kampf der heutigen Menschheit ist, die nach dem Mysterium des Todes nunmehr das Mysterium des Bösen in ihr Werden zu integrieren hat – gehört zum Erlangen voller Freiheit doch Widerstand, die Wahl zwischen »Gut« und »Böse« –, dann ist eine solche Individualität ein Menschheitsrepräsentant. Kafka *erlitt*, was Christus *schuf*. Kafka fühlte sich gleichsam von der *Freiheit* determiniert, vom Wahnsinn der Möglichkeiten. Ist das Christus-Wesen die Einheit der Bewusstseinsprozesse des Ich, setzte diese Perspektive Kafka unter Druck und erzeugte Ängste. Begabt mit einer besonders stark ausgeprägten Individualitäts-Kraft ging ihm seine spezifische verloren.

Zeitlebens rang er vergeblich um Erfolg bei größerem Publikum. Es mag ihn, mehr als er vor anderen zugab, auch gedemütigt haben: »Wenn ich an diese Anekdote denke:« – so beginnt eine Eintragung im Tagebuch vom 17. Oktober 1911 – »Napoleon erzählt bei der Hoftafel in Erfurt: Als ich noch bloßer Leutnant im 5. Regiment war ... (die königlichen Hoheiten sehn einander betreten an, Napoleon bemerkt es und korrigiert sich) als ich noch die Ehre hatte, bloßer Leutnant ...; schwellen mir die Halsadern vor leicht nachgefühltem, künstlich in mich eindringenden Stolz.«

Indes besaß die Jugendlichkeit Kafkas noch eine andere, fast leichte Komponente. Im Jahr des ersten Paris-Aufenthalts wurde Kafka zum Konzipisten ernannt. Alois Prinz hat in seiner für junge Leser verfassten Kafka-Biografie einen Fauxpas geschildert, der sich bei dieser Beförderung aus Übermut ereignete:
»Zusammen mit zwei Kollegen, die auch befördert wurden, geht Kafka in das Büro des Präsidenten der Arbeiter-Unfall-Versicherung ... Kafka weiß, dass er es diesem Mann zu verdanken hat,

dass er als Jude überhaupt in die Anstalt aufgenommen wurde …
Als kleiner Angestellter nun dem Direktor gegenüberzustehen, das
kommt Kafka vor, als hätte er eine Audienz beim lieben Gott – oder
zumindest beim Kaiser … Es gehört zum Ritual dieser Empfänge,
dass man sich beim Direktor für die Beförderung mit ein paar
Worten bedankt … Kafkas älterer Kollege … hält eine kurze Rede
und der Direktor nimmt sie entgegen wie ein Kaiser. Wie er dasitzt
mit der geballten Faust auf dem Tisch und mit gesenktem Kopf …
Kafka weiß, dass das alles ganz normal und üblich ist, aber beim
Anblick des Direktors kann er nicht anders, er muss lachen. Es sind
sozusagen nur kleine Lachanfälle, und man könnte meinen, dass er
nur husten muss. Doch dann hebt der Direktor seinen Kopf und
kann nun deutlich sehen, dass Kafka nicht hustet, sondern wirklich
lacht …«[22]
Der Angestellte Kafka spiegelt dem Repräsentanten der Macht, wie
lächerlich deren Gesten sind. Lachte er hier unvermittelt über verborgene Anteile seiner selbst?

> Dem Menschen Franz Kafka stellt sein berufliches Schicksal die
> Aufgabe, die sozialen Folgen von körperlichen Verletzungen, die
> durch eine dienende Tätigkeit im Heer der Arbeitermassen erlit-
> ten wurden, wenigstens zu mildern, und gibt ihm sogar die Ge-
> legenheit, durch Vorsorge auf die Vermeidung zahlreicher durch
> rücksichtslose Arbeitgeber verschuldeter Verletzungen hinzuar-
> beiten. Er benützt nicht die weisungsabhängigen Menschen wie
> mancher Feldherr … rücksichtslos als Mittel, um eigene Macht-
> ziele zu erreichen.
>
> *Hans Paul Fiechter*

»Nein, ich bin nicht gut, ich bin es nie gewesen, aber ich bin treu.«
– »In mir wohnen zwei Menschen, der eine ist der Kopf, der andere
nur Herz.« So charakterisierte sich Napoleon. Für Mereschkowski stritten hier Anteile eines Guten mit Bösem. Napoleon ordnete

das eigene Leben, Positives wie Negatives gleichermaßen in den Blick nehmend, in ähnlicher Nüchternheit wie Kafka. Dieser betonte mehrfach, etwa in Briefen an Felice, in ihm seien »zwei, die mit einander kämpfen«. Belegt durch Anekdoten ist, wie sowohl Bonaparte als auch Kafka die eigene Güte eher nur im Verborgenen zeigten.

Am 18.2.1920 hält Kafka unkommentiert ein Erlebnis in seinem Tagebuch fest, wo er von zwei Kindern – hinter ihnen vor einer Schaufensterauslage stehend – beiläufig als »Teufel« tituliert wurde: Die Kinder sprachen »von Gott und von Sünden«. »Die ›Sünden an Gott‹, sagte das Mädchen, seien ›die größten‹, für die ›Sünden an Menschen‹ habe der Mensch die Beichte.« Wenn er eine Sünde begehe, stünde gleich der Teufel hinter einem, im zweiten Fall aber ein Engel. Dann drehte sich das Mädchen um und sagte: »›Siehst du, niemand ist hinter mir.‹« Ebenso drehte sich der Junge um und sah dort Kafka – dessen Tagebuch fortfährt: »›Siehst du‹ sagte er ohne Rücksicht darauf, dass ich es hören musste, aber auch ohne daran zu denken, ›hinter mir steht der Teufel.‹ ›Den sehe ich auch‹, sagte das Mädchen, ›aber den meine ich nicht.‹«

Das Tagebuch von 1915 berichtet im Umkreis einer erneuten Napoleon-Beschäftigung, wie er seine Nichte Gerti als Hinkender erschreckt; Kafka vermerkt hierbei ausdrücklich die starke Wirkung des Klumpfußes gerade bei ihm, Kafka.

Wenn Mereschkowski in seiner ebenso hellfühligen wie manchmal zu grellen Studie über Napoleon schreibt: »Er ist ein ›Komödiant‹, ein ›Schauspieler‹, aber kein Heuchler; er spielt beständig eine Rolle, aber keine fremde, immer nur die eigene: Napoleon, der die Rolle des Napoleon spielt«, so wäre glänzend beschrieben, wie der Landvermesser K. bei den Dorfbewohnern ankommt: ankommt im zweifachen Wortsinn. Denn gerade dessen Ankunft inszeniert Kafka zu Beginn des Romans als kleine, so K. selber wörtlich: »Komödie«. Herrisch geht K. mit den umstehenden Bauern und mit dem ihn weckenden Sohn des Schlosskastellans um. Hatte K. zunächst noch überrascht getan, die Leute »von unten her« anblickend gefragt, ob er sich etwa »verirrt« habe, behauptet er anschließend: »Sonst aber lassen Sie es sich gesagt sein, dass ich der Landvermesser bin … Ich wollte mir den Marsch durch den Schnee nicht entgehen lassen, bin aber leider einigemal vom Weg abgeirrt und deshalb erst so spät angekommen.«

Alles sei Schicksal, sagte Napoleon, und: Alles, was möglich sei, geschehe ja, sagte Kafka. »Unschuldig schuldig« sei er, schrieb Kafka an Felice, und das war auch die Quintessenz des Selbstbildes des französischen Kriegsherrn, die Legende, an der Napoleon auf St. Helena sorgsam strickte.

Zwischen dem »Täter« Napoleon – hausend als Herrscher im Schloss, zu dem die erfundene Kunstfigur K. in Kafkas Roman hinstrebt, ohne jemals beziehungsweise jemals *wieder* die alte Macht erlangen zu können – und dem Opfer Kaspar Hauser(s) – der heimatlos, unbehaust, sich zum Selbst-Opfer verurteilt findet wie Kafkas Kunstfigur Georg in der gleichnamigen Erzählung von 1912 – stand Kafka als gleichermaßen Täter- *und* Opfer-Natur, dessen Schriftstellerei die Welt mit beidem konfrontierte.

4

Wenn man mit einem Begriff versucht ein anderes Wesen zu durchdringen, wenn man die Vorstellung zu versenken sucht in das Wesen eines Anderen, so ist diese in das Wesen eines Anderen hineinversenkte Vorstellung die abgestumpfte Waffe des Kain, die in Abel hineingestoßen wurde. Und dass sie so abgeschwächt wurde, diese Waffe, das machte möglich, dass das, was mit einem Ruck in sein Gegenteil verkehrt worden ist, in Evolution übergeht ... Der astralische Leib ist, seiner innersten Natur nach angesehen, der große Egoist; das Selbst ist mehr als der große Egoist, das will nicht nur sich, ... das will noch hinübergehen in das Andere. Und die Erkenntnis, wie sie auf der Erde errungen ist, ist diese abgestumpfte Sucht ... auszudehnen alles, was man ist ... weiter über sich hinaus in das Andere hinein. Sie ist ein Steigen des Egoismus über sich selbst hinaus.

Rudolf Steiner: Welche Bedeutung hat die okkulte Entwicklung
des Menschen für seine Hüllen und sein Selbst?
(Vortragszyklus vom 20. bis 29. März 1913)

Wessen könnte man mich anklagen, wogegen mich ein Schriftsteller nicht in Schutz zu nehmen vermöchte? Sind es meine Absichten?

Napoleon, Memoiren

Und das wird wohl das Rätsel dieses Napoleon-Lebens sein, das abläuft wie eine Uhr, sogar nach dem siebenjährigen Rhythmus ...

Rudolf Steiner, Oktober 1918

Die systematische Zerstörung meiner selbst im Laufe der Jahre ist erstaunlich, es war wie ein langsam sich entwickelnder Dammbruch, eine Aktion voll Absicht. Der Geist, der das vollbracht hat, muß jetzt Triumphe feiern; warum lässt er mich daran nicht teilnehmen? Aber vielleicht ist er mit seiner Arbeit noch nicht zuende und kann deshalb an nichts anderes denken.

Franz Kafka, Tagebuch Oktober 1921

Man macht sich oft nicht bis ins Letzte klar, wie prägend für Napoleon die Verbannung auf einer Insel gewesen sein muss, wie überhaupt für eine menschliche Seele: eine Gefangenschaft, die äußerlich betrachtet nicht einmal als Gefangensein erlebt werden muss, daher aber auch umso demütigender und quälerischer gewesen sein mag. Immerhin fast sieben Jahre, die letzten seines Lebens, verbrachte Napoleon auf dem tropischen Eiland St. Helena, seiner ganz persönlichen »Strafkolonie«, in Gesellschaft lediglich einiger Offiziere, ihrer Damen und der Diener. Hier diktierte er sein Tagebuch, um sich von einer Schuld reinzuwaschen, die er andererseits in eben diesem Zustand auf der Insel am eigenen Leib erlitt, so wie in Kafkas gleichnamiger Erzählung dem Schuldigen sein Schuldspruch mit einer Egge grausam auf den Leib »diktiert« wird. (Der Offizier auf Kafkas rätselhafter Tropeninsel – vermutlich eine Kolonie – spricht übrigens französisch.)

Ursprünglich hatte Napoelon gehofft, in Amerika Exil zu finden, doch dieser Plan wurde vereitelt.

In der historischen Erinnerung der *Nachwelt* ist vor allem die Gestalt des aktiv tätigen Eroberers präsent. Doch in der *Innenwelt* Napoleons muss doch umso mehr bleibende Eindrücke hinterlassen haben, plötzlich zur Untätigkeit verdammt gewesen zu sein: Ausgerechnet er, ein Geist, der nur aus Wille und Tun bestand, war mit einem Mal abgeschnitten von aller konkreten Anteilnahme an den Vorgängen der Welt, abgeschnitten von jeder Möglichkeit, in größerem Rahmen zu handeln und zu wirken, verdammt dazu, sich zu beschränken auf die Selbstbeobachtung, auf das Niederschreiben von Gedanken.

Dies wird hundert Jahre später das vorherrschende Lebensgefühl Franz Kafkas oder doch das seiner Romanfiguren sein: insbesondere das des Josef K., der verhaftet und dem ein »Prozess« gemacht wird, den er weder versteht noch akzeptiert – was wiederum seine Schuld nur potenziert, wenn nicht eigentlich ausmacht: nämlich dass er kein Schuldgefühl hat und dass er nicht begreift, was ihm fehlt. Er rebelliert gegen die Gefangennahme, ebenso wie Napoleon seine erste Verbannung auf Elba nie akzeptiert (und deshalb kurzerhand beendet) hatte. – Betrachtete man die Verbannung Napoleons auf St. Helena als realen Beginn seines Sterbens und rechnete man von der Verbannung zwei Mal 33 Jahre in die Zukunft, käme man auf das Geburtsjahr Franz Kafkas, auf den geistigen Moment, in dem sich die Individualität zur Inkarnation entschloss. Napoleons Niederlage wurde auf dem Wiener Kongress besiegelt, wo von den anderen Parteien auch sein weiteres Schicksal beschlossen wurde, und Wien wurde später auch, mehr zufällig denn zwingend, der Todesort Kafkas.

Die Schuld, die Kafka ahnte und die im toten Winkel ihrer Seele auch seine Helden ahnen, besteht zum einen, wie Fiechter heraus- gearbeitet hat, in Egoismus und berechnender Selbstsucht. Dieses übersteigerte, herrschen wollende *Ego* ist aber nur die Schattenseite der Tatsache, dass die Selbstbeherrschung durch ein *Ich* fehlt – dass Kafka zeitlebens kein natürliches, vitales und authentisches Empfin- den eines Ichs hatte und dass deshalb für ihn selbst seine »Schuld« hauptsächlich darin bestand, das Leben, das er hätte leben können, versäumt zu haben, die Aufgabe, die er hätte schaffen können, nicht geschafft zu haben: Es war möglich und doch irgendwie notwendi- gerweise nicht.

Schaffen wäre hier doppeldeutig zu verstehen: im Sinne des Gelin- gens – die Aufgabe wird bewältigt – als auch im Sinne des überhaupt erst Erschaffens, also Herstellens und Wiederfindens der (richtigen) Aufgabe in dieser Inkarnation.

So stoßen wir auf Eigenschaften Kafkas, seines Lebensgefühls und Temperaments, die als totale Umkehrungen wesentlicher Charak- teristika Napoleons erscheinen, neben (metamorphosierten?) Ähn- lichkeiten.

Etwa kehrt sich dessen riesenhafter, unwiderstehlicher Mut, der für die Außenwelt etwas Tollkühn-Bestechendes, mindestens Anma- ßendes hatte, bei Kafka um in sein Gegenteil, nämlich in ein exis- tenzielles Lebensgefühl der Angst. Unter anderem in den Briefen an Milena Jesenska hat Kafka diese Angst oft geschildert. Wenn Goethe gegenüber Eckermann Napoleon feiert als »immer klar und entschie- den, und zu jeder Stunde mit der hinreichenden Energie begabt, um das, was er als vorteilhaft und notwendig erkannt hatte, sogleich ins

Werk zu setzen«, so gibt es dafür sicher keinen präziseren Gegenentwurf als Kafka, der im Juli-Brief von 1922 an Brod die fast pathologische Unmöglichkeit, sich zu einer schlichten Kurzreise nach Georgental zu entschließen, zu einem »Grenzfall« hochstilisiert mit den ganz ernst gemeinten Worten, es sei Angst vor Veränderung, »Angst davor, die Aufmerksamkeit der Götter durch eine für meine Verhältnisse große Tat auf mich zu lenken«.

Es ist allerdings bezeichnend, dass Kafka, wie wir bereits sahen, die Lebensaugenblicke, in denen er die Angst, zu handeln, sich auszusetzen, einmal überwindet, selbstironisch als Kühnheit charakterisiert. So schreibt er in einem Brief an seine Schwester Ottla über die soeben durch einen Blutsturz angekündigte, später tödliche Lungenkrankheit:

»Es ist der größte Kampf, der mir auferlegt oder besser anvertraut worden ist … Ein Sieg … mit halbwegs erträglichem Blutverlust hätte in meiner privaten Weltgeschichte etwas Napoleonisches gehabt. Nun scheint es dass ich den Kampf auf diese Weise verlieren soll … so, als wäre abgeblasen worden … Das also ist der Stand dieser geistigen Krankheit, Tuberkulose …«

Ebenfalls wandelte sich das fehlende Schuldbewusstsein Napoleons um in ein übertriebenes bei Kafka – das zugleich ambivalent war, ja, für das sich Kafka nicht weniger schuldig fühlte: schuldig, nicht die Mitte zu finden zwischen maßloser Vermessenheit in Bezug auf die äußere Welt (denn auch die Angst war ja maßlos, war narzisstisch) und übermäßigem Rückzug (zum Zwecke mäßigender Re-Formierung des inneren Menschen).

Und wo für Napoleon vordergründig nichts anderes zu zählen schien als das Vater-Land, als das Blut des eigenen Volkes (oder auch der eigenen Familie: Napoleon dachte in Clans), er also einem Nationalismus anhing, dem nach der Anthroposophie die sich nur auf einer anderen Ebene äußernde geschlechtliche Begierde wesensverwandt ist (und ist dies nicht heute überall spürbar?) – da hielt sich Kafka von dieser Welt des Körperhaften und Triebhaft-Animalischen bewusst fern, setzte die Phantasie fiktionaler Text-Körper (er sah sie als seine Kinder an) gegen die Blutgruppen Volk oder Familie.

Wo Napoleon die Pose des Triumphators einnahm, vielmehr natürlich innehatte, und andere Menschen so sehr erniedrigte, dass Friedrich Sieburg feststellte: »Er verletzte die Menschen in ihrem Seelenkern«, da trifft man bei Kafka, zumindest beim Autor Kafka, auf fortwährendes Erniedrigt*werden*. Dies spielt sich im Seelischen, aber auch im Körperlichen ab, einschließlich sexuell-erotischer Konnotationen.

In Kafkas Tagebuch der Jahre 1920/21 – der Phase der so intensiven und wesentlichen Korrespondenz mit Milena Jesenska – findet sich eine Reihe von »Er«-Eintragungen, die hier zunächst für sich sprechen mögen:

»Es ist keine Widerlegung der Vorahnung einer endgültigen Befreiung, wenn am nächsten Tag die Gefangenschaft noch unverändert bleibt oder gar sich verschärft oder selbst wenn ausdrücklich erklärt wird, dass sie niemals aufhören soll. Alles das kann vielmehr notwendige Voraussetzung der endgültigen Befreiung sein.«

»Mit einem Gefängnis hätte er sich abgefunden. Als Gefangener enden – das wäre eines Lebens Ziel. Aber es war ein Gitterkäfig. Gleichgültig, herrisch, wie bei sich zuhause strömte durch das Gitter aus und ein der Lärm der Welt, der Gefangene war eigentlich frei, er konnte an allem teilnehmen, nichts entging ihm draußen, selbst verlassen hätte er den Käfig können, die Gitterstangen standen ja meterweit auseinander, nicht einmal gefangen war er.«

»Er lebt in der Zerstreuung. Seine Elemente, eine frei lebende Horde, umschweifen die Welt. Und nur weil auch sein Zimmer zur Welt gehört, sieht er sie manchmal in der Ferne. Wie soll er für sie die Verantwortung tragen? Heißt das noch Verantwortung?«

»Er hat zwei Gegner, der Erste bedrängt ihn von rückwärts vom Ursprung her, der Zweite verwehrt ihm den Weg nach vorne. Er kämpft mit beiden. Eigentlich unterstützt ihn der Erste im Kampf mit dem Zweiten, denn er will ihn nach vorne drängen und ebenso unterstützt ihn der Zweite im Kampf mit dem Ersten, denn er treibt ihn doch zurück. So ist es aber nur theoretisch, denn es sind ja nicht nur die 2 Gegner da, sondern auch noch er selbst und wer kennt eigentlich seine Absichten?«

»Menschliche Vereinigungen beruhn darauf, dass einer durch sein starkes Dasein andere an sich unwiderlegbare Einzelne widerlegt zu haben scheint, das ist für diese Einzelnen süß und trostreich, aber es fehlt an Wahrheit und daher immer an Dauer.«

»Er war früher Teil einer monumentalen Gruppe. Um irgendeine erhöhte Mitte standen in durchdachter Anordnung Sinnbilder des Soldatenstandes, der Künste, der Wissenschaften, der Handwerke. Einer von diesen vielen war er. Nun ist die Gruppe längst aufgelöst oder wenigstens er hat sie verlassen und bringt sich allein durchs Leben. Nicht einmal seinen alten Beruf hat er mehr, ja er hat sogar vergessen, was er damals darstellte. Wohl gerade durch dieses Vergessen ergibt sich eine gewisse Traurigkeit, Unsicherheit, Unruhe, ein gewisses die Gegenwart trübendes Verlangen nach den vergangenen Zeiten. Und doch ist dieses Verlangen ein wichtiges Element seiner Lebenskraft oder vielleicht sie selbst.«

»Alles ist ihm erlaubt, nur das Sich-vergessen nicht, womit allerdings wieder alles verboten ist bis auf das eine, für das Ganze augenblicklich Notwendige.«

... nichts ist mir geschenkt, alles muss erworben werden, nicht nur die Gegenwart und Zukunft, auch noch die Vergangenheit, etwas das doch jeder Mensch vielleicht mitbekommen hat, auch das muss erworben werden, das ist vielleicht die schwerste Arbeit, dreht sich die Erde nach rechts ... müsste ich mich nach links drehn, um die Vergangenheit nachzuholen ... Ich kann aus Eigenem nicht den Weg gehen, den ich gehen will ...

Kafka an Milena, November 1920

... Das Leben besteht aus Vergangenheit, Gegenwart und Zukunft. ... Nur der Mensch, dessen ganzes Leben ein wirkliches
Leiden ist, und der bestimmt weiß – was indes unmöglich ist –,
dass es immer so sein wird, hat das Recht, sich zu töten.

Napoleon, Memoiren

Er hat sein Leben als Literat begonnen. Er beschließt es, indem
er die Geschichte seiner großen Taten diktiert ... Dass er ...
scheiterte, lag zweifellos an seiner allzu lebhaften Phantasie.
Seine Pläne waren bewundernswert, aber er hatte zu viele ...

André Maurois, Napoleon

Worin mag für die Entität, die in Kafka lebte, jene »endgültige Be-
freiung« bestanden haben, von der in jenen Notaten die Rede ist?
Auf der *biografischen* Ebene der Kafka-Inkarnation vielleicht in
einem Leben, das aufmerksame spätere Biografen wie Joachim
Unseld und Reiner Stach als brachliegendes Potenzial in Kafkas
Werdegang aufspürten: eine unspektakuläre, aber doch wache
Zeitgenossenschaft, die auf vielfältige Weise teilnähme an den
Diskussionen seiner Zeit. Bezeichnenderweise war ein mündlicher
Vortrag Kafkas über jüdische Sprache – auch für ihn selbst – ein
herausgehobenes und von ihm im Tagebuch vom 25. Februar 1912
mit Stolz und Hoffnung kommentiertes Ereignis, das sich jedoch
nie wiederholte:
»... Stolzes, überirdisches Bewusstsein während meines Vortrages
(Kälte gegen das Publikum, nur der Mangel an Übung hindert mich
an der Freiheit der begeisterten Bewegung) ... Da zeigen sich Kräfte,
denen ich mich gerne anvertrauen würde, wenn sie bleiben wollten.
(Meine Eltern waren nicht dort.)«
In dem Augenblick, da Kafka Mut fasste, das Wagnis eines öffentlichen Lebens und Wirkens in Angriff zu nehmen und als er noch
die Kraft dazu hatte, kam ihm ausgerechnet ein Krieg in die Quere.
Kafka hatte bereits fast alles in die Wege geleitet, um seine Stelle zu

kündigen und in Berlin als freischaffender Autor und Journalist zu leben, als der 1.Weltkrieg ausbrach und den Plan zerstörte.

Seelisch-geistig mag die »endgültige Befreiung« in einem Christentum bestehen, in welchem sich makrokosmische Ich-Substanzialität in mikrokosmischer Ich-Wesenhaftigkeit aktualisieren kann, wo ein Gott sagt: *Ich bin* – Weg, Wahrheit, Leben, Licht der Welt – und der Mensch im eigenen Sosein erlebt, dass die nämliche Ich-bin-Kraft *in ihm* ist, im Menschen selbst. Ein Christentum also, dessen göttliches Zentrum nicht Undurchdringliches gebietet, um unerkennbar zu bleiben, sondern das als Fleisch gewordenes Wort, als Persönlichkeit in die sinnliche Wahrnehmbarkeit getreten ist, um sich selber zu verändern und verändern zu lassen. Im liturgischen Wortlaut jener 1922 das Licht der Welt erblickenden Kirche der Christengemeinschaft wird diese Kraft aufgerufen als jene, die »das Leben der Welt … *ordnet*«: der Christus, der Menschensohn, das geistige Wesen der Menschheit, der den göttlich-väterlichen Weltengrund »*offenbarende Schöpfergeist*«, wie es in der Messe der Weihnachtszeit heißt.

Aber längst werden zu diesem Wesen des Christus vielfältige, freiere Zugänge geschaffen – es selbst schafft sie. Schon der Name emanzipiert sich von einer kirchlich-dogmatischen terminologischen Tradition. Mehrfach machte Steiner dazu in Vorträgen einen kräftigen Anfang, etwa, wenn er die Anthroposophie verschiedentlich als die *heutige*, die neue Christus-Sprache charakterisiert. Wohlgemerkt: damit ist nicht gemeint »die einzige«. Der Akzent liegt auf einer Sprache, die – wenigstens vom Anspruch her – das begriffliche Denken befriedigt und nicht nur das gläubige Gemüt. Entsprechend paraphrasierte Steiner den Gedankengehalt der Evangelien in dem schon zitierten Züricher Vortrag vom 11. Februar 1919 auf eine Art und Weise, in der Christus als soziale Qualität, als bedingungsloses Interesse am anderen Menschen aufleuchtet – eine Gabe, die Napoleon und Kafka, letzterem zu seiner eigener Verzweiflung, fehlte, weil sie viel zu sehr in sich selber »eingesponnen« waren. Mit dieser Selbstcharakterisierung soll Kafka Gustav Janouchs Nachfrage beantwortet haben, als dieser ihn, Jahre nach der Begegnung 1911, auf Steiner ansprach. Kafka soll gesagt haben, er sei Steiner nicht nahegekommen, weil er – Kafka – zu sehr in sich eingesponnen sei. Während die Authentizität der Aufzeichnungen Janouchs vielleicht nicht im Ganzen, aber im Einzelnen zweifelhaft ist, scheint interessanter, dass der todkranke Kafka von Dr. Norbert Glas, einem von Dora gerufenen jungen anthroposophischen Arzt, besucht worden ist. Kafka reagierte positiv auf Glas, schien aber traurig, als er später erfuhr, dieser sei Anthroposoph.

Der gegenwärtige spirituelle Diskurs ist erkennbar (und berechtigterweise) bemüht, abseits gebräuchlicher Phrasen und Muster solche »Christus-Impulse« zu bemerken. Entscheidend aber bleibt der geistige Begriff des Ich, die Verbindung einer überpersönlichen Essenz mit dem Wesenskern des individuellen Menschen. *Hier* wirkt Christus. Wenn wir daher nach einer Erlösungsmöglichkeit und von alten Verstrickungen befreiten Zukunftsgestalt der Napoleon- wie der Kafka-Individualität fragen und auf das Christentum kommen, so meinen wir damit nichts Herkömmliches, sondern aus der Anthroposophie heraus eine Spiritualität, die erst im Entstehen, in einem ganz neuen Erscheinen *begriffen* ist.

Friedrich Sieburg schrieb in seinem verdienstvollen Buch »Die hundert Tage« über die Napoleon-Literatur: »Die abstruseste Schwärmerei, zu der Napoleons Größe je einen Chronisten getrieben hat, findet sich bei dem alten Mereschkowski … Der russische Emigrant feiert in seiner, den Untertitel ›Napoleon der Mensch‹ führenden Darstellung … seinen Helden als einen Gott, der ›im tiefsten metaphysischen Sinne ebenso wie der Gott Mithras die unbesiegbare Sonne, der ewige Vermittler, der Versöhner ist‹. Ja, er rückt ihn in die Nähe des Menschensohnes, womit freilich für den gesitteten Leser der Spaß aufhört.«

Doch Sieburgs Blickwinkel stammt aus einem alten Jahrhundert. Es hört hier nicht der Spaß auf, sondern es beginnt hier überhaupt erst ein ganz anderer Ernst. Ohne dass es dem Autor bewusst gewesen sein mag, vielmehr von heute aus gesehen und zugespitzt gesagt, ist Sieburgs Blickwinkel im Kern eine Blasphemie. Denn ist Christus für die Moderne nicht tatsächlich genau das: *der Versöhner mit sich selbst,* der »Mittler« (Kafka) *im* Menschen? Jene Möglichkeit des Heilwerdens und der Durchdringung des allzumenschlich-irdischen durch das Christus-Ich zu leugnen, entspringt einem freilich ganz anderen Hochmut als dem Mereschkowski unterstellten, einem gleichsam zerknirschten Hochmut, der das Wesen des Menschensohns und dessen vornehmste Aufgabe verfehlt. Die Sprengkraft des Christus- als *Entwicklungs*begriff unbewusst entschärfen zu wollen, indem man ebenso vage wie unvermittelt kindlich-gläubig den Sohnesgott beschwört, aber den Vatergott meint, ist die Grenze, wo die Geister sich scheiden.

Die Ich-Organisation des werdenden Menschen mit aufbauen zu helfen, stellte Steiner in den Kopenhagener Vorträgen über »Die geistige Führung der Menschheit« von 1911 als die unmittelbar organische Wirkung des Christus dar. Das Aufrechtstehen, Gehen und Sprechen des Kindes bezeugt diese Kraft. Christus schafft die notwendigen Voraussetzungen für das spätere geistige, eigene Schaffen der Individualität. Sie ist ihm heilig. In diesem Geist lebt er weiter als – von Steiner auch »Herr des Karma« genannter – innerer Schicksalsführer jedes Einzelnen. Er ist unmittelbar biografisch wirksam: *als* Leben, als die Gestalt der Biografie in all ihrer Beweglichkeit, ihrem steten Wandel und in ihrem Selbsterkenntnisvermögen.

Demnach geht es nicht um den »gesittete(n) Leser« im Menschen, um eine mosaisch vorgegebene Moral und allgemeine Pietät – es gibt sogar eine falsche Pietät im Diskurs über Wiederverkörperung und in Fragen der Erforschung des Karmas, es gibt hier sozusagen falsche Bescheidenheiten –, sondern es geht um *Wahrhaftigkeit,* um den unbefangenen Blick auf die Entwicklungsmöglichkeiten der Individualität. Aus diesem Blickwinkel sind die historischen Rollen, Masken und Kostümierungen und sind vor allem die historische Prominenz oder Nicht-Prominenz einer Persönlichkeit völlig bedeutungslos. (Schon gar nicht gibt es karmische Freifahrtscheine für quasi zwangsläufige »anthroposophische« Wiederverkörperungen.) Es kommt mehr darauf an, aus dem *Geist* von Karma und Reinkarnation auf das Leben zu blicken (auf das Leben der anderen und das des anderen in einem selbst), statt durch ein »Wissenwollen« voreingenommen zu sein.

Wir finden in Kafkas Reflexionen vielerlei Gedankengänge, die in Richtung einer großen moralischen Klarheit weisen, die eine unzerstörbare, die Menschheit verbindende geistige Kraft – in einem Brief nennt er es »das entscheidend Göttliche« – im Menschen beschwören, Gedanken, die das vordergründig Paradoxe als das in Wahrheit Christliche abtasten – am prägnantesten in folgendem Aphorismus: »Der Messias wird erst kommen, wenn er nicht mehr nötig sein wird. Er wird erst einen Tag nach seiner Ankunft kommen. Er wird nicht am letzten Tag kommen, sondern am allerletzten.«

Im Zusammenhang mit einer ostjüdischen Schauspielgruppe, für die Kafka sich ungewöhnlich ausdauernd engagierte, beschreibt Reiner Stach im zweiten Band seiner großen kürzlich erschienenen Kafka-Biografie sehr zutreffend Kafkas Verhältnis zum Kollektiv und zu Ideologien, wenn er hervorhebt:

»Tatsächlich ist aus den Jahren bis 1920 kein einziger Satz von ihm überliefert, in dem er das Wort *Volk* affirmativ oder gar normativ gebraucht hätte. Stattdessen setzt er auf Mitmenschlichkeit, Freiheit von Vorurteilen, fundamentale Offenheit: Diesen Menschen zugewandt sein ... darauf allein komme es an ... (Er stellt) die ›geistige Befreiung‹ – wann hätte er je ein solches Wort gebraucht? – ganz in die Verantwortung des Einzelnen, auf seine Hingabe nicht an eine Partei, eine Bewegung, ein Volk, sondern an den leibhaftigen Menschen – und von nichts anderem will er hören. ›Die Hauptsache sind die Menschen‹, beschwört er Felice (Bauer), ›nur sie, die Menschen‹.«

Was bei *Napoleon* bloß glanzvolle Entfaltung der irdischen Persönlichkeit war, ist, in diesem Geist verstanden, in *Christus* die Vereinigung individueller Impulse und Talente mit allgemein-menschlichen. Zwischen Publikum und Himmel stehend, wählte der Mensch Kafka am Ende den Himmel – und zahlte den irdischen Preis.

So einsam sind Sie? ... Wie Kaspar Hauser? – Nein. Schlimmer.
Einsam wie Franz Kafka.

Gustav Janouch, Gespräche mit Kafka

... wir verstehen uns mit ihm von selbst. Wäre er nochmals da,
er wäre ... ›völlig außer Vergleich und jeder würde es fühlen‹, wie
einst.

Heinrich Mann, Die Memoiren Napoleons, 1925

... Erkenntnis der ersten Stufe. Der ersten Stufe jener Treppe, auf
deren Höhe mir als Lohn und Sinn meines menschlichen (dann
allerdings nahezu napoleonischen) Daseins das Ehebett ruhig
aufgeschlagen wird. Es wird nicht aufgeschlagen werden und ich
komme, so ist es bestimmt, nicht über Korsika hinaus.

Franz Kafka, Brief an Max Brod, 13.9.1917

5

Ich bin stets allein unter den Menschen ... Ich bin niemandem
ähnlich, ich nehme niemandes Lebensbedingungen an.

Napoleon

Wer ihn nicht kannte, kann sich vielleicht ein so bis ins letzte
einzigartiges Wesen nicht vorstellen ...

Oskar Baum über seinen Freund Franz Kafka

»... jedenfalls kam ... nur ein Aktenumschlag an ... Fehler kom-
men ja nicht vor und selbst wenn einmal ein Fehler vorkommt,
wie in Ihrem Fall, wer darf denn endgültig sagen, dass es ein
Fehler ist.«
»Das wäre etwas völlig Neues«, rief K.
»Mir ist es etwas sehr Altes«, sagte der Vorsteher.«

Franz Kafka, »Das Schloß«

»Ich verstehe: Akten, Akten«, sagte Daumer spöttisch lächelnd.

Jakob Wassermann, »Caspar Hauser oder Die Trägheit des Herzens«

Bevor wir die Spurensuche zusammenfassen – und dann noch einen
kurzen Blick werfen auf Kafkas berühmte Türhüterlegende »Vor
dem Gesetz« –, sei der Umkreis von weiteren Merkwürdigkeiten,
Zufällen und Gestalten zumindest erwähnt, der einem im Zusammenhang mit unserer Fragestellung entgegenkommt, Aspekte, die
man hier dennoch nur schwer integrieren und nach deren spezi-
fischer Bedeutung man nur »tappen« kann.
Dazu gehört die schon angeführte Gestalt König Jakobs I. Über ihn
spricht Steiner unter anderem 1918 in Dornach in jenem Vortrag,
in dem er dann unmittelbar darauf Napoleon erwähnt und die Mitteilung macht, er habe dessen Seele nicht finden können. Steiner
schildert Jakob – in einer bestimmten Hinsicht – als das »volle Gegenteil« des »Napoleon-Lebens«. Zugleich teilen beide die extreme

innere Widersprüchlichkeit; darin wiederum liegt ihre Zeitrepräsentanz. Mehrmals betont Steiner auch bei Jakob das *Rätsel*volle. Was er nun wiederum beschreibt als die zwei charakterlichen Haupttendenzen in Jakob, je nachdem, was man betont, das Positive oder das Negative, das kann, ist man mit den Protagonisten Kafkascher Romane vertraut, als Disposition bei diesen wieder entdeckt werden und zum Teil auch bei Kafka selbst: beispielsweise die zwiespältige Eigenschaft, sich ständig gutmütig und nachgiebig nach den anderen zu richten, und zwar aus einer echten Sehnsucht nach Frieden heraus, oder, das ist die Schattenseite, ohne jedes innere Rückgrat dadurch zu einem lebensunfähigen Lügner und Heuchler und schwärmerischen ewigen Kind zu werden:

»Jakob I. erscheint wie eine entwurzelte Pflanze, wie ein Wesen, das nicht so recht zusammenhängt mit diesem Boden … Jakob I. war … in seiner Herrscherstellung … in jeder Beziehung in all dem, worinnen er drinnen steckte … wie ein Mensch in einem Gewande, das ganz und gar nicht passte … Er war sehr klug, sehr gescheit, wenn er mit den Leuten sprach, aber niemand verstand eigentlich, was er wollte … auch was er selber schrieb, führt uns durchaus nicht in irgendeiner direkten Weise in seine Seele hinein.«

Eine andere Frage rankt sich um die Gestalt des Dichters und durch den Freitod aus dem Leben geschiedenen Heinrich von Kleist, mit dem Kafka oft verglichen wurde und dem er sich brüderlich nah fühlte – Kleist, der sein Herz als »Keim einer Südfrucht« in nördliche Gefilde vertrieben sah: »es treibt und treibt, aber kann nicht reifen«. – Kleist hasste Napoleon. An Kleists 100. Todestag, dem 21.11.1911, spricht Rudolf Steiner auf besondere Weise über den später so berühmten deutschen Dramatiker. Dieser Vortrag (über das Opfer sowie über die indirekte Sehnsucht dieser Individualität nach der Geisteswissenschaft, nach Anthroposophie) zeigte eine Heilungsperspektive von Kleists Schicksal auf. Wenige Monate zuvor war es zu der Begegnung mit Kafka gekommen, und auf Steiners Schreibtisch mögen einige Monate lang die Texte Kafkas gelegen haben, die dieser Steiner auf dessen Bitte hin zugesandt hatte.

Allerdings äußerte Steiner gelegentlich allgemeine Kritik an zeitgenössischer Schriftstellerei. So bekam Kafkas Freund, Biograf und Herausgeber Max Brod in einem Vortrag, der mit der Christengemeinschaftsgründung zusammenhing, ganz nebenbei sein Fett weg. In seiner Autobiografie »Streitbares Leben« überliefert Brod freilich mündliche Äußerungen Kafkas, wonach dieser enttäuscht gewesen sei über die Reaktion Steiners und mit dem Gefühl gegangen sei, Steiner habe sein Anliegen als ein rein ästhetisches missverstanden. Nun kann dies jedoch ebenso eine missverständliche Darstellung *Brods* von Kafkas Kommentar sein wie auch ein Missverstehen *Kafkas* von Steiner.

Doch sollte man auch nicht beflissen die Möglichkeit völlig ausschließen, dass vielleicht wirklich *Steiner* etwas (noch) nicht gesehen, nicht vollständig erkannt hat an Kafka, diesem großen Fragezeichen. Dieses Nichtverstehen mag auf künstlerischem Gebiet liegen, wo Steiner bestimmte Vorstellungen hatte und überdies derart neue entwickelte, dass die Intellektuellen und Künstler seiner Zeit davor zurückschreckten als vor ihrer eigenen Spiritualität und überhaupt der Realität des Geistes. Dennoch war sich Steiner bewusst – schließlich hatte er einmal ein Magazin für Literatur herausgegeben und verkehrte in Berlin mit vielen Künstlern der Boheme –, dass eine starke Individualität und ihr widerständiges Ringen zur Moderne und nicht zuletzt zur Entwicklung existenziellen Schriftstellertums *gehören*, und so mag er sich gegenüber »seinen« Anthroposophen zwar auf eine bestimmte Weise ausgelassen und dennoch für sich oder in einem anderen Zusammenhang über jenen »Dr. Kafka« weiter nachgesonnen haben. Oder ist er, wie Fiechter fragt, »dem gefesselten Riesen mit Vorsicht begegnet, seinem Schatten ausgewichen«? Es läge in vielerlei Hinsicht nahe, dass Steiners Forschungen eines hier wirkenden Geheimnisses durchaus gewahr wurden, er es aber vorerst nicht kommentieren konnte. Oder musste Steiner, gerade aufgrund einer spezielleren Einsicht oder Ahnung, diese Seele *schützen*? Ebenso wie es wiederum nicht unwahrscheinlich ist, dass sich diese dem Eingeweihten nicht enthüllt hat, ließen sich hypothetisch auch Spuren der eindrücklichen Unterredung im späteren literarischen Werk Kafkas aufzeigen: im Prozess- oder Schloß-Roman in Gestalt ebenso strenger wie gutmütiger Helfer, die den verkappten Parzivals in Kafka und in seinen Texten Rat geben und sie spiegeln, oder auch in mancher Prosaminiatur, als deren bekannteste und vielschichtigste die in den Prozess-Roman eingeflochtene Türhüterlegende »Vor dem Gesetz« gelten kann.

Hier kommt das Motiv der tragisch versäumten Aufgabe in besonders verdichteter und archetypischer Form zum Ausdruck.
Ein Mann vom Lande kommt zum Gesetz und bittet den dort postierten Türhüter um Einlass. Der Türhüter verwehrt dem Mann den Zugang, zumindest zunächst. Es entspinnt sich ein Gespräch. Der Mann beschließt, beeindruckt von Macht und Erscheinung des Türhüters, auf die Erlaubnis zu warten – vergeblich. Kurz vor seinem Tod fragt er den Türhüter, warum, wenn doch alle zum Gesetz streben, bislang niemand außer ihm hier vorbeigekommen sei. Der Türhüter antwortet: »Dieser Eingang war nur für dich bestimmt. Ich gehe jetzt und schließe ihn.«
Man darf vermuten: Napoleon wäre im Gegensatz zu Kafkas Mann vom Lande einfach durchmarschiert, ohne groß um Erlaubnis zu bitten, sich nicht kümmernd um Hüter und Schwellen. Napoleon hätte die Auskunft des Türhüters, der Einlass sei möglich, »jetzt aber nicht«, wenig beeindruckt, er hätte sie nicht zum Anlass für kritische Selbstbefragungen genommen, etwa, ob er vielleicht aus irgendwelchen Gründen zu früh dran sein könnte und ob er also besser warten solle. Kafkas Held tut genau das: warten – und verpasst es dadurch, den durchaus vieldeutig interpretierbaren Erklärungen des Türhüters genauer nachzulauschen. Wir erinnern uns: Steiner hatte in Bezug auf Napoleons Eintritt in die irdische Inkarnation gesagt, dieser habe nicht warten können – bis seine Zeit gekommen wäre.
Allerdings enthüllt sich dem Mann vom Lande durch seine demütige Vorsicht eine ganz andere Tragik. Durch sein Zögern und gerade *nicht* »napoleonmäßiges« Handeln versäumt er, den Zugang, um den es ihm doch ging, erfolgreich zu passieren. Es scheint der Zugang zu sich selbst zu sein, zur eigenen Aufgabe, derjenige, der

innerhalb der einen Zugänglichkeit der Welt nur für ihn persönlich gedacht war.

Was liegt hier vor, was passiert? – Eine Möglichkeit: Es ist Napoleon selbst, der dem Mann hier als Hüter der Schwelle entgegentritt. Der Mann zögert, er ist auf der Hut, weil sein eigener Schatten, seine Vergangenheit vor ihm steht. Sie behütet ihn davor, in alte Verhaltensmuster zu verfallen – er probt keinen Durchmarsch, sondern bleibt verhalten. Er gehorcht dem, der er früher war. Kafka schickt sein Alter Ego in dieser Geschichte durch einen Tod. Er schickt sich in sein Schicksal.

»Vor dem Gesetz« ist die auf dem Wege der Literatur keimhaft vollzogene Versöhnung Kafkas mit »der eigenen ungeheuren Vorstellung Napoleons«. Das »Teilchen« oder der Teil in der eigenen Individualität, welcher der Selbstheilung und Ganzheit als etwas Altes im Weg steht, stellt sich im Wortsinn vor die eigene Suche, vor den eigenen »Haus«-Eingang und damit vor die Selbsterkenntnis.

Denn das Gesetz, um das es hier geht, ist kein anderes als das des freien Willens, das für die Anerkennung fremden Wollens jedoch genauso gelten muss. Es geht um die Gesetzmäßigkeit, wonach dasjenige, was man als Ziel erreichen möchte, auch auf dem Wege dahin gilt. Nicht der Zweck heiligt die Mittel, sondern nur dem Menschen gemäße Methoden führen zu menschengemäßen Formen.

Mit meinem Denken bedenke ich meine Gedanken: Ich sehe mich von außen und bleibe doch im selben Element. Ich bin im Gesetz, weil das Gesetz in mir selber ist. Nicht: Das Gesetz bin ich und nur ich – die Geste der Willkür. Sondern: Heilig ist mir die Freiheit des anderen (und, ihm diese zu vermitteln). Im Gesetz sein bedeutet hier Identischsein, bedeutet, sich in Freiheit weiterentwickeln, bedeutet, mit dem eigenen Ich ganz bei sich selber zu sein und zugleich bei den anderen.

Der Machtpolitiker Napoleon wollte fraglos Gutes mit allerdings fragwürdigen Mitteln erreichen – der Paraboliker Kafka bereitete dem Menschen Kafka durch diesen Text mit den Mitteln der Kunst den Weg, in dem ihm die Verkörperung Napoleons bis dahin gestanden hat.

In Kafkas Tagebuch finden sich Ahnungen einer Zukunft in einem anderen Leib, Ahnungen eines Wieder-Anknüpfens an die seiner Ansicht nach verfehlten Lebenschancen. Diese Bemerkungen mögen poetisch-verspielt oder auch sarkastisch gemeint sein, aber das weiß man bei Kafka nie. So resümiert er am 19. Januar und am 21. Februar 1911, also in den Wochen unmittelbar vor der Begegnung mit Rudolf Steiner:

»Ich werde, da ich von Grund auf fertig zu sein scheine … jeden Tag entweder mich von der Erde wegwünschen müssen oder aber, ohne dass ich darin auch die mäßigste Hoffnung sehen dürfte, von vorn als kleines Kind anfangen müssen. Ich werde es hierbei äußerlich leichter haben als damals …«

»Mein Leben hier ist so, als wäre ich eines zweiten Lebens ganz gewiss, so wie ich z.B. den misslungenen Aufenthalt in Paris im Hinblick darauf verschmerzte, dass ich danach streben werde bald wieder hinzukommen.«

Außerdem tritt die Motivik des leeren Hauses, das von seinem wahren Ich verlassen wurde, wie Kafka im Juli 1922 an Brod schrieb, zuletzt immer stärker hervor – und damit die Frage: Wer war Herr im Haus bei Kafka? Meint dieses Erdenhaus den Körper, die Inkarnation, wo sich Dämonisches ebenso zu verkörpern vermag wie Reines, Engelhaftes, Gutes? So verwendet Kafka dieses Bild des Hauses auch da, wo er im Tagebuch darüber nachdenkt, einmal »selbstbiografische Untersuchungen« anzustellen:

»Nicht Biografie, sondern Untersuchung und Auffindung möglichst kleiner Bestandteile. Daraus will ich mich dann aufbauen, so wie einer, dessen Haus unsicher ist, daneben ein sicheres bauen will, womöglich aus dem Material des alten. Schlimm ist es allerdings, wenn mitten im Bau seine Kraft aufhört und er jetzt statt eines zwar unsichern aber doch vollständigen Hauses, ein halbzerstörtes und ein halbfertiges hat, also nichts.«

Schon in einem Brief an Brod vom 12. März 1910 klagt er:

»Alles, was ich besitze, ist gegen mich gerichtet, was gegen mich gerichtet ist, ist nicht mehr mein Besitz. Wenn mich z.B. … mein Magen schmerzt, so ist es eigentlich nicht mehr mein Magen, sondern etwas, was sich von einem fremden Menschen, der Lust bekommt, mich zu prügeln, wesentlich nicht unterscheidet ... Ein Schuß wäre das Beste. Ich schieße mich einfach von dem Platz weg, auf dem ich nicht bin.«

Vor den Priestern der Christengemeinschaft spricht Steiner in Kafkas Todesjahr 1924 über die Apokalypse des Johannes und von der Verleugnung der Christus-Innewohnung im Menschen. Dieses Wohnen des Christus im Haus eines Menschen ist – das zeigt gerade Kafka, wenn wir ihn an Napoleon spiegeln – kein Inhalt. Sondern Christus wohnt im Menschen *als Dynamik*:

»... und das Licht, das durch sein Verständnis in uns ausgestrahlt wird ... gibt die Christuseinsicht der Christuswesenheit in uns selbst. Sie wird eine einwohnende, eine in dem Menschen einwohnende Einsicht sein.«

Und Steiner fährt fort:

»Es ist heute in zahlreichen Menschen vieles, was in der rechten Weise vorbereitet auf die ätherische Erscheinung des Christus, der ja ein aus der göttlichen Welt herabfahrendes Wesen ist. Aber die Menschen müssen sich vorbereiten dazu dadurch, dass sie den Quell ihres Handelns, ihres Tuns in sich selber finden.«

Indem Kafka im März 1911 Rudolf Steiner die Frage stellte, ob er sein Schicksal, seine »Mission« auf sich nehmen könne – und er hatte sie zuvor als die Aufgabe beschrieben, die Literatur, die Spiritualität und das Soziale zusammenzuführen und »zu einem Ende« –, und indem er die zweite Frage hinzufügte, ob Steiner dies für möglich und ob er ihn dazu für fähig halte, bewies Kafka, ähnlich wie der Mann vom Lande, der sein Schicksal von den Verboten und Angeboten des Türhüters abhängig macht, dass er die Voraussetzung für die »Christuseinsicht« noch nicht erfüllte. Anstatt die alleinige Quelle seines Tuns als freier Mensch in sich selber zu finden und allein zu verantworten, pilgerte er zu einer fremden Quelle hin, zum Eingeweihten, welche(r) sich in diesem Moment mit gutem Grund – vorerst – vor ihm verschloss.[23]

Wenn wir vom Teufel besessen sind, dann kann es nicht einer sein, denn sonst lebten wir, wenigstens auf der Erde, ruhig, wie mit Gott, einheitlich, ohne Widerspruch, ohne Überlegung, unseres Hintermannes immer gewiss. Sein Gesicht würde uns nicht erschrecken, denn als Teuflische wären wir bei einiger Empfindlichkeit für diesen Anblick klug genug, lieber eine Hand zu opfern, mit der wir sein Gesicht bedeckt hielten. Wenn uns nur ein einziger Teufel hätte, mit ruhigem ungestörtem Überblick über unser ganzes Wesen und mit augenblicklicher Verfügungsfreiheit, dann hätte er auch genügende Kraft, uns ein menschliches Leben lang so hoch über dem Geist Gottes in uns zu halten und noch zu schwingen, dass wir auch keinen Schimmer von ihm zu sehen bekämen, also auch von dort nicht beunruhigt würden. Nur die Menge der Teufel kann unser irdisches Unglück ausmachen. Warum rotten sie einander nicht aus bis auf einen oder warum unterordnen sie sich nicht einem großen Teufel; beides wäre im Sinne des teuflischen Princips, uns möglichst vollkommen zu betrügen. Was nützt denn, solange die Einheitlichkeit fehlt, die peinliche Sorgfalt, die sämtliche Teufel für uns haben? Es ist selbstverständlich, dass den Teufeln an dem Ausfallen eines Menschenhaares mehr gelegen sein muss als Gott, denn dem Teufel geht das Haar wirklich verloren, Gott nicht. Nur kommen wir dadurch, solange die vielen Teufel in uns sind, noch immer zu keinem Wohlbefinden.

Kafka, Tagebuch Juli 1912

Ausblick

Napoleons Handeln ist unmittelbare Vergegenwärtigung seiner inneren Welt in der äusseren … Er ergriff mit seiner Art zu sehen nur das sinnvoll Wesentliche der Dinge, aber dies bis zum Kerne … Gewiss … fehlte seinem Ingenium nicht viel zu der Fähigkeit, seine inneren Bilder, sein inneres Erleben in unmittelbarer und absoluter künstlerischer Form auszudrücken … Napoleon selbst hat diese Art, sich ganz menschlich, sinnlich-leibhaft mit einem anderen Wesen in Beziehung zu setzen, um seine Grundanlage, seinen Seelenton zu erfahren, als das eigentlichste Mittel seiner Menschenfindung und -prüfung bezeichnet.

Berthold Vallentin, »Napoleon«

Kafka kam natürlich auch, man hätte ihn als Medium nehmen können, aber irgendwie hatte man Scheu davor. Oder er hatte Scheu.

Manon Andreas-Grisebach,
nach: Andreas B. Kilcher, »Kafkas Spiritismus«

Immer mehr in letzter Zeit überdenke ich mein Leben, suche den entscheidenden alles verschuldenden Fehler, den ich vielleicht begangen habe, und kann ihn nicht finden.

Franz Kafka, »Forschungen eines Hundes«

Dass die Vögel der Sorge und des Kummers über deinem Haupte fliegen, kannst du nicht ändern. Aber dass sie Nester in deinem Haar bauen, das kannst du verhindern.

Chinesisches Sprichwort

Wir haben uns in dieser Studie insgesamt damit begnügt, die Möglichkeit eines Identitätszusammenhangs zwischen Napoleon Bonaparte und Franz Kafka zunächst nur anzudeuten statt, auf akribische Fülle oder gar Vollständigkeit abzielend, sämtliche als »Beweise« oder Indizien taugliche Texte und Aspekte einzubringen. Insofern versteht sich, gerade in Bezug auf Kafka, diese Spurensuche ausdrücklich nur als Anstoß für weitere Fragen; es handelt sich also trotz allem um eine Tuschezeichnung, kein Gemälde in Öl.

Ebenso blieben natürlich einige wichtige Gesichtspunkte zu Napoleon unterbelichtet oder wurden zumindest nicht vertieft. Zum Beispiel der konkretere Inhalt der vergessenen spirituellen Aufgabe – Steiner soll unter anderem auf den Impuls der sozialen Dreigliederung hingedeutet haben – sowie die Frage: Belegen denn Napoleons geistige Lebensäußerungen überhaupt, dass er das von Rudolf Steiner charakterisierte positive Potenzial besaß? Wird hier also nicht das Pferd von hinten aufgezäumt?

Tatsächlich steht ja die Wahl seiner Mittel in krassem Gegensatz zu seinen hier und da vielleicht erkennbaren »wahren« Impulsen und Intentionen – zumal sich Steiner im Herbst 1924 gegenüber den Priestern der Christengemeinschaft noch einmal äußerst kritisch über den »Napoleonismus« ausließ (was freilich nichts heißen muss). Die Versuchung, allzu sehr mit einer bestimmten Brille zu lesen, ist jedenfalls groß.

Drittens ist uns bewusst, dass der Ausgangspunkt unserer ganzen Fragestellung eine mündliche Äußerung ist, die zudem von Prämissen und Begriffen ausgeht (»Marssphäre«), die auf dem Boden der Anthroposophie stehen, der ja vielleicht nicht von jedem Leser einfach so betreten werden möchte.

Der mögliche Schicksalszusammenhang »Napoleon – Kafka« ist zumindest insofern gegeben oder gerade dadurch geboren worden, dass Kafka ihn *dachte* – oder, wie Napoleon in freilich ganz anderem Zusammenhang einmal sagte: »Das Unmögliche ist ein Begriff, der durch und durch relativ ist«, eine auch für Kafkas Literatur des phantastischen Realismus verblüffend zutreffende und fast programmatische Aussage.

Im Bild gesprochen: Das Pferd wird im Geistigen, wo die Dinge umgekehrt ablaufen, in der Tat von hinten aufgezäumt. Es scheint, vorsichtig ausgedrückt, die Relevanz des besagten Zusammenhangs in der Zukunft zu liegen.

An dem Spannungsverhältnis zwischen dem Schriftsteller Kafka und der Theosophie Steiners beziehungsweise der Anthroposophie als gelebter Spiritualität lässt sich einiges lernen: sei es, dass man selber, da, wo man steht, der vielleicht noch immer nicht in Erscheinung getretenen eigenen Lebensaufgabe neu nachspürt, sei es, dass man sich von vermeintlichen Sonder-»Missionen« in dem Maße befreit, wie man einem jeden die seine erkennen und entfalten hilft, wer immer es sei und was immer daraus wird. Denn das ist der andere sprachliche Sinn von *Aufgabe*: sich aufgeben, das eigene Rätsel abgeben nach oben – als *Hinaufgabe* – eine Bewusstseinshaltung, die Steiner in einem Vortrag vom 14.11.1911 als eine entwicklungsfördernde Art der *Resignation* charakterisiert hat:

»So sehen wir, dass wir nicht bei den sogenannten ›bösen‹ Wesenheiten den Grund des Bösen zu suchen haben, sondern bei den guten Wesenheiten, die erst durch ihre Resignation bewirkt haben, dass durch die Wesenheiten, welche das Böse in die Welt bringen konnten, das Böse entstanden ist. Nun könnte jemand sehr leicht einwenden (und ich bitte diesen Gedanken recht genau auf Ihre Seele wirken zu lassen): ›Ich habe bisher eine bessere Meinung von den Göttern gehabt! Ich habe bisher die Meinung von den Göttern gehabt, dass sie das, was menschliche Freiheit in Szene setzen sollte, auch bewirken könnten, ohne die Möglichkeit des Bösen zu schaffen. Wie kommt es, dass alle diese guten Götter so etwas wie die menschliche Freiheit nicht ohne das Böse in die Welt bringen konnten?‹ – Ich möchte dabei erinnern an jenen spanischen König, der die Welt so furchtbar kompliziert gefunden hat, und der deshalb einmal gesagt hat: Wenn Gott es ihm überlassen hätte, die Welt zu schaffen, so würde er sie einfacher gemacht haben. – Der Mensch mag in seiner Schwäche denken, dass die Welt einfacher gemacht werden könnte, aber die Götter wissen es besser ... Hätten die Götter das Böse vermieden, so wäre die Welt arm, wäre nicht mannigfaltig. Die Götter mussten das Böse um der Freiheit willen in die Welt kommen lassen, und sie mussten dafür für sich die Macht erringen, das Böse wieder in das Gute zurückzuführen. Diese Macht ist etwas, was als Wirkung nur aus dem Verzicht, aus der Resignation kommen kann.«

Handelt es sich also bei der Individualität, die zwischen 1883 und 1924 in Franz Kafka inkarniert war, um dieselbe, die von 1769 bis 1821 in Napoleon Bonaparte gewirkt hatte, beziehungsweise darf man diese Frage überhaupt so stellen?
(Vielleicht darf man sie stellen – oder: unsere Zeit muss sich *ihr* stellen –, aber nicht beantworten. Denn zweifelsfrei beantworten könnte man sie nur – will man nicht ungedeckte Schecks ausstellen – mit den entsprechenden geisteswissenschaftlich-okkulten Mitteln, und selbst das ist ungewiss.)
Es hieße: Die Schuldgefühle, die Kafka lebenslang quälten, rührten aus der Schuld »Napoleons«. Das Schuldgefühl war ambivalent, weil Kafka sich »unschuldig schuldig« fühlte: als Opfer einer Macht, die ihn missbraucht, der er nicht standgehalten hatte. In der Kafka-Inkarnation wurde jedoch das Alte – der Übervater, das Autoritär-Tyrannische, marshaft Kriegerische – bereits teilweise transformiert. Der heilende »Tröster«, der Mittler hin zu dieser anfänglichen Geist- und somit Freiheits-Erfahrung war bei Kafka die Wortkraft, war tatsächlich der Christus als *Sohn*, wie wir einleitend skizzierten: das Vermittelnde, das immer gefehlt hatte im Handeln zwischen Erden-publikum und Himmelspublikum.
Weil er von seiner Schuld so ergriffen war, konnte Kafka die vergessene Aufgabe Napoleons – also die Aufgabe möglicherweise auch seiner eigenen Individualität – durch das *Be*greifen neu *er*greifen, zumindest anfänglich. Er nahm sie seelisch in sich wahr und beobachtete, wenn man so will: vom Hügel eines inneren Feldherren, was Teile seines Wesensgliedergefüges immer wieder auseinandersprengte, was in ihm rumorte und kämpfte und jedenfalls als dumpfe Erinnerung haften geblieben war. Formulierlust und dichterische Gestaltungskraft wurden ihm Mittel, um Allge-

110

meinmenschliches herauszudestillieren. Denn das ist ja auch eine Botschaft des Werks Kafkas und der Grund, weshalb man nicht aufhört ihn lesen zu wollen, das Gefühl: Es geht uns an. Was dieser Individualität auf der Ebene des Schicksals geschehen ist, dieser Fehler, dieses Versäumnis, diese Unterlassung: Sie können in *Lebenssituationen* – mit ebenso existenziellen Folgen – jedem passieren: Wo wir im Wortsinn nicht geistesgegenwärtig genug, nicht voll. präsent, mutig und innerlich frei genug, wo wir zerstreut und nicht bei uns selber sind.

Nicht nur das Lebens-, auch das Werk-Schicksal Kafkas beschäftigt auch deshalb die moderne Menschheit so sehr, weil ihr eigenes nicht viel anders beschaffen ist, ja, weil in dem anthroposophischen Terminus *Individualität* eben auch schon das Wesentliche steckt. Es geht bei Kafka und Napoleon um genau das: um das Ausbilden von freier Individualität als solcher, um das Wesen des Ich und darum, wie es wirkt, wenn es wirkt – wobei man sich in diesem speziellen Fall vor Augen zu halten hat, was Kafka am 14. August 1912 an den Verleger Ernst Rowohlt geschrieben hat: »Die verbreitetste Individualität der Schriftsteller besteht ja darin, dass jeder auf ganz besondere Weise sein Schlechtes verdeckt.«

Wenn Kafka 1911 von Steiner die Versicherung mehr oder minder zu erbetteln versucht: »Werde ich die 3 zu einem Ende führen?«, so steht hier die Zahl Drei letztlich auch mit der christlichen Trinität in Verbindung. Das (gute) Ende bestünde hier nicht in einem Sich-nicht-mehr-inkarnieren. Wohl aber würde eine tragische Selbstverstrickung und Selbstzerstörung abgeschlossen, und es wäre der Beginn dynamischer vielfältiger Produktivität.

Nach Rudolf Steiner hängt die Zeit zwischen zwei Inkarnationen – also der Zeitraum, den man in der geistigen Welt zur »Nachbereitung« der letzten und Vorbereitung der nächsten verbringt – in der Regel davon ab, wie viel Zeit man auf Erden im vorherigen Leben schlafend verbracht hat. Napoleon, dessen Erdenleben 51jährig endete, brauchte bekanntlich nicht nur wenig Schlaf, vielmehr ging er sehr eigenwillig damit um. Er konnte auf dem Schlachtfeld, im

111

Feldlager, in dramatischsten und oft den entscheidenden Situationen einschlafen und sogar unmittelbar nach der Ruhe sogleich wieder Befehle erteilen. (Auch Kafka, altersmäßig zehn Jahre früher verstorben, schlief wenig, hatte Schlaf*probleme*, und manch einer seiner suchenden, tragischen Helden wird just in den Momenten von Schlaf und Zerstreuung befallen, wo der Weg weitergegangen wäre.)

Die Verarbeitung der Napoleon-Inkarnation – führen wir die Hypothese weiter – erfolgte bei dieser Individualität in hohem Maße im bald nachfolgenden Erdenleben: Als Autor erschrieb sich Kafka jene seelisch ordnende *Autonomie* und erarbeitete sich jenes Bewusstsein, die ihm als Napoleon im Inneren gefehlt hatten. Denn das hieß ja Schreiben: sich beobachten, sich auf die Spur, auf die Schliche kommen: sich spüren.

Am 9. Januar 1912 sprach Rudolf Steiner in einem Vortrag in München über die Natur des Christus.[24] Ausgangsgedanke ist die Viergliedrigkeit des Menschen: physischer Leib, Äther- oder Lebensleib, Seelen- oder Astralleib, Ich. Die weiteren, im eigentlichen Sinne »höheren« Wesensglieder können vom Menschen nach und nach durch sein Ich geschaffen werden. Christus, so Steiner, sei als das vierte makrokosmische Entwicklungsprinzip ebenfalls eine »Wesenheit viergliedriger Natur«, nur eben im makrokosmischen Sinne: »Und wie der Mensch während der Erdenzeit die Mission hat, sein Ich auszubilden, um empfangen zu können, so hatte der Christus sein Ich auszubilden, um geben zu können.«

Das bedeutet, dass die Natur des Christus – so könne man es auffassen – »niedriger« stehe als andere Wesenheiten, die nämlich, sozusagen vorzeitig und nur für sich selbst, die höheren Wesensglieder bereits ausgebildet haben. »Der Unterschied«, so Steiner, »ist nur der, dass diese anderen Wesenheiten die höheren Prinzipien wie etwas Parasitisches auf die Menschennatur daraufgestopft bringen, der Christus aber das vierte Prinzip« – also das Ich – »so bringt, dass die Menschennatur voll durchsetzt und durchdrungen und durchkraftet wird von diesem Prinzip.« Christus wirke als die Menschenseele *vertiefend*, während das Anti-Christliche »in gewisser

Weise den Menschen über sich hinausführen« werde. In Zukunft, so Steiner 1912, werden viele daher »sprechen: Ach, dasjenige, was der Christus hat geben können, war im Grund genommen nur ein Durchgangspunkt!«

Auch vor diesem Hintergrund ist die Tatsache, dass man im Leben manchmal wieder zurückgeworfen wird in seiner Entwicklung, äußerlich betrachtet, ein potenzieller Fortschritt: nämlich immer dann, wenn man, wie Napoleon und in gewisser Weise auch wie Kafka, in einem vergangenen Leben über sein Ziel hinausgeschossen ist, wenn man das eigene Wesen nicht vertieft, sondern überhöht und dadurch verfehlt hat. Unsere Verfehlungen sind insofern tatsächlich Ver*fehlungen*, Ab-Wesenheiten – wir haben das Haus verlassen – und Ab-Irrungen.

Kafka überhöhte die Literatur – sogar seine Schuld überhöhte er – so wie Napoleon sich selbst überhöhte. Er stülpte sein Ich der menschlichen Gesellschaft über. Kafkas Ich wiederum ging in den anderen auf, es zeigte sich nicht; hier schlug das Pendel in die entgegengesetzte Richtung aus.

»Du bist die Aufgabe«: Christus als »das Ich so gefasst, dass wir es erkennen in seiner Geistigkeit als Du«[25] – diese Aufgabe bleibt.

… Nur dadurch, dass er nicht nur die Widerstände in seinem eigenen Innern in seinen Absonderungsprozessen spürt, sondern auch die Widerstände, die die Außenwelt ihm entgegensetzt, kann der Mensch sein Ich-Bewusstsein entwickeln. So ist in der Tatsache, dass sich der Mensch auch wieder nach außen aufschließen kann, die Grundlage gegeben für die physische Ichheit des Menschen …

Nun wissen wir, dass die entwickelungsfähige Keimanlage des Menschen zusammenfließt aus zwei Anlagen, aus der weiblichen und der männlichen …, und dass eine Neuentwicklung nur entstehen kann durch das lebendige Zusammenwirken dieser beiden Anlagen … Es ist der weibliche Keim so angelegt, dass man fast sagen könnte, das, was da entsteht, würde zu gut sein für die Welt … Dieser weibliche Menschenorganismus könnte sozusagen nicht bis zu jener »Vererdigung« fortschreiten, wie sie in dem eingelagerten Knochensystem zum Ausdruck kommt … er könnte sich nicht nach außen aufschließen, sondern würde in seinem inneren Leben abgeschlossen bleiben … er würde über das Ziel hinausschießen, was heute in unserem irdischen Dasein möglich ist …

Wenn die männliche Keimanlage allein sich entwickeln würde, so würde dies zu mächtiger Entfaltung dessen führen, was sich kundgibt in dem Sichaufschließen nach außen …, also nach der anderen Seite über das Ziel hinausschießen. Eine solche Einseitigkeit würde ebenso wenig eine lebensfähige Keimanlage hervorbringen können wie der weibliche Keim für sich, denn der Organismus … würde so starke Kräfte entfalten, dass er sich selbst zerstören und zugrunde gehen müsste unter den Verhältnissen, wie sie heute auf der Erde vorhanden sind …

Diese beiden organischen Keime müssen sich schon in ihrer allerersten Entstehung zu weiterer Entwicklung zusammenfinden, denn einzeln ist jede von ihnen zum Tode bestimmt …

… So sehen Sie, dass wir hier eines der Tore haben, durch die wir physiologisch hineinleuchten können in die Reinkarnationsidee. Solche Tore gibt es viele; man muss sich nur Zeit lassen. Wenn man geduldig ist und wartet, dann wird man die Stellen finden …

Rudolf Steiner, Vorträge in Prag am 28./26. März 1911

… bei allem, was wir tun, denken und fühlen, möchten wir manchmal bis zum Äußersten gehen. Der Wunsch wird in uns wach, die Grenzen zu überschreiten, die uns gesetzt sind … Es ist auch mir gewiß, dass wir in der Ordnung bleiben müssen, dass es den Austritt aus der Gesellschaft nicht gibt und wir uns aneinander prüfen müssen. Innerhalb der Grenzen aber haben wir den Blick gerichtet auf das Vollkommene, das Unmögliche, Unerreichbare, sei es der Liebe, der Freiheit oder jeder reinen Größe … Dass wir

114

es erzeugen, dieses Spannungsverhältnis … darauf … kommt es an; dass wir uns orientieren an einem Ziel, das freilich, wenn wir uns nähern, sich noch einmal entfernt …

Ingeborg Bachmann,
Rede zur Verleihung des Hörspielpreises der Kriegsblinden, 1959

Geh deinen unmerklichen Schritt, ewige Vorsehung! … Laß mich an dir nicht verzweifeln, wenn selbst deine Schritte mir scheinen sollten, zurückzugehen! – Es ist nicht wahr, dass die kürzeste Linie immer die gerade ist.

Gotthold Ephraim Lessing,
Die Erziehung des Menschengeschlechts (§91)

Literatur

Die Texte Kafkas werden – wenn nichts anderes angegeben ist – zitiert nach der Kritischen Ausgabe, herausgegeben von Hans-Gerd Koch: Franz Kafka, »Gesammelte Werke in zwölf Bänden«, Fischer Taschenbuch Verlag Frankfurt 1994. – Da insbesondere die nachgelassenen und fragmentarischen Texte unter verschiedenen Titeln kursieren (Oktavhefte, Zürauer Aphorismen usw.), außerdem diaristische und literarische Werkstatt bei Kafka ineinander übergehen, wird auf eine einheitliche Quellenangabe in diesem Essay verzichtet. Anhaltspunkt bei Tagebuch- und Briefzitaten ist in der Regel das *Datum*, nicht die Betitelung des entsprechenden Bandes oder anderer Editionen.

Weitere benutzte Napoleon-Literatur (u.a.):

Vincent Cronin, *Napoleon – Stratege und Staatsmann*. Glasgow/Düsseldorf 1971

Berthold Vallentin, *Napoleon*. Berlin 1923

Memoiren Napoleons. Herausgegeben von F.M. Kircheisen, Dresden 1927

Friedrich Sieburg, Napoleon. *Die hundert Tage*. Stuttgart 1956

André Maurois, *Napoleon*. Rowohlt Taschenbuch Verlag, Reinbek 1966

Volker Ullrich, *Napoleon*. Reinbek 2006

Johannes Willms, *Napoleon. Eine Biographie*. Pantheon-Verlag, Originalausgabe C.H. Beck 2005

Marian Brandys, *Maria Walewska. Napoleons große Liebe*. Historische Biographie. Insel Taschenbuch Verlag, Frankfurt 1973

Deutschland unter Napoleon in Augenzeugenberichten. Herausgegeben und eingeleitet von Eckart Kleßmann. Deutscher Taschenbuch Verlag, München 1976

Anmerkungen

1 Nina Pauer: »Wir haben keine Angst. Ironie und Panik: Warum die Apokalypse junge Erwachsene nicht mehr erreicht. Eine Inspektion«, in: Die Zeit, 10. Juni 2010.

2 Karl Heyer: *Beiträge zur Geschichte des Abendlandes*, VII. Band: *Die Französische Revolution und Napoleon*. Verlag Freies Geistesleben, Stuttgart 1964, S. 329ff. (alle Hervorhebungen sowie Anmerkungen in Klammern im Original):
»Hiernach hat Napoleon zu den Individualitäten gehört, die nach dem Jahre 1604 (d.h. dem Beginn der im Auftrag des Christian Rosenkreuz erfolgten Mission des Buddha auf dem Mars) vor der irdischen Inkarnation die *Marssphäre* durchlebt haben. Er habe hierbei den ›Auftrag‹ erhalten, einen wesentlichen Beitrag zu einer *friedlichen* Einigung Europas zu leisten. Nun sei das seltene und tragische Ereignis eingetreten, dass Napoleon ›im Moment der Inkarnation seinen eigentlichen Auftrag buchstäblich *vergessen* habe‹. Die ganz dumpfe, instinktartige Nachwirkung des Auftrags aber habe in ihm nachgewirkt, natürlich aber tragischerweise dazu geführt, dass er in die *alten* Marsmethoden *zurückgefallen* sei. *Deshalb* wurde es sein Bestreben, Europa mit kriegerischen, militärischen Zwangsmitteln zu einigen. Der Verlauf sei ja aus der Geschichte ablesbar. Es sei höchst selten, dass ein solch vollständiges Vergessen einer so bedeutsamen Schicksalsaufgabe vorkomme. Im Zuge der dadurch ohne jeden völlig neuen Impuls gebliebenen Entwicklung hätten dann natürlich die Repräsentanten des ungehinderten zeitbedingten Machtimpulses (Angelsachsen) dafür gesorgt, Napoleon restlos zu isolieren ... und auch dafür zu sorgen, dass selbst die geringste Auswirkungs*möglichkeit* des *evtl.* doch noch im Herzog von Reichstadt (1811–1832, dem einzigen Sohn Napoleons I. aus der Ehe mit der Kaisertochter Maria Luise von Österreich) auflebenden Restes des Urauftrages (des Vaters) durch diesen in Wien ... ausgeschlossen blieb. Ergänzend wurde noch berichtet, Rudolf Steiner habe es als ein grandioses Phänomen charakterisiert, wie in dem Moment, da Napoleon auf dem physischen Plan ankommt, er den eigentlichen Impuls vergisst ... Wie es zu dem ›Vergessen‹ Napoleons ge-

kommen sei, hat Rudolf Steiner in jenen Gesprächen nicht gesagt. Doch betonte der von dem Gespräch Berichtende, es habe sich hier nicht um okkulte Machenschaften, sondern um das Geschick der Individualität Napoleons gehandelt.«

Es folgt dann eine weitere »wichtige Ergänzung« Heyers:

»Die ganze hier wiedergegebene Darstellung Rudolf Steiners folgte in dem erwähnten Gespräch (oder in den erwähnten Gesprächen) auf einen anderen Fall, über den Rudolf Steiner gleichfalls einen wichtigen Hinweis gegeben hatte. Dieser andere Fall bezog sich auf *Friedrich II. von Preußen.* In dem jungen Friedrich habe ein karmisches Ausgleichsbedürfnis gewaltet zum »Principe« Machiavellis, welches dann leider, zur Bewährung aufgerufen, in der Praxis des regierenden Herrschers (also eben Friedrichs II.) keineswegs zur Realisierung gekommen sei … *Dieses* Beispiel habe dann in dem weiteren Gesprächsverlauf eine (enorme) Steigerung durch das erfahren, was Rudolf Steiner über *Napoleon* sagte und jenes »Vergessen« des aus der geistigen Welt im Vorgeburtlichen erhaltenen Auftrags bzw. Vorsatzes im Moment der Inkarnation.«

Heyer nennt noch einen weiteren Gesichtspunkt:

»… dass Rudolf Steiner angegeben haben sollte: Napoleon sei ›zu früh‹ gekommen; er habe nicht ›warten‹ können; eigentlich habe er einige Jahrhunderte später erscheinen sollen, um dann eine die Menschheit *spirituell* einende Mission zu vollziehen. Er habe dies *materiell-physisch als äußere politische Weltherrschaft* (miß-)verstanden.«

Während sich dieser Gesichtspunkt auf eigene Gesprächserinnerungen des Autors bezieht, gibt er als Quelle aller anderen Aussagen an (Heyer, S. 373):

»Rudolf Steiner hat das, worum es sich handelt, um die Jahre 1920–1923 gegenüber Wolfgang Wachsmuth (dem damaligen Leiter des »Der Kommende Tag A.-G. Verlags«, Stuttgart) in einem oder mehreren weitausgreifenden Gesprächen geschichtlichen Inhalts geäußert. Wolfgang Wachsmuth hat es mir 1952, im letzten Jahre seines Lebens, schriftlich mitgeteilt und mündlich noch weiter ergänzt und erläutert. Auch andere Personen haben durch ihn persönlich Kenntnis von diesem Hinweis Rudolf Steiners erlangt.«

Heyer benutzt hier unbefangen esoterische Inhalte und Fachtermini wie »Marssphäre/Marsmethoden« oder »physischer Plan«. Mit Letzterem ist das konkrete sinnliche Erdenleben gemeint. Über einen »Auftrag des Christian Rosenkreuz« und die – zunächst natürlich stark irritierende – Tatsache einer Wirksamkeit des »Buddha auf dem Mars« spricht Steiner unter anderem in den Vorträgen über »Das esoterische Christentum«, die er 1911 und 1912 in verschiedenen europäischen Städten gehalten hat. (Siehe z.B. den Vortrag vom 18.12.1912 in Neuchâtel.) Die einzelnen Planeten gelten dabei nicht nur als Himmelskörper, sondern repräsentieren bestimmte übersinnliche Qualitäten und Einflusssphären. Der Menschengeist durchwandert diese, um Prägungen für sein späteres Erdenleben mitzunehmen. Die spezifische Qualität des Mars als altem Kriegsgott liegt zunächst auf der Hand. Spannend und auch hochaktuell ist Steiners Aussage, dass sich die christlichen Tatsachen und die Wahrheit und Botschaft des Buddhismus sozusagen in den Himmeln längst berühren und gegenseitig befruchten und verwandeln – was auf der Erde Menschen zu ahnen scheinen, die sich zu beiden gleichermaßen hingezogen fühlen. Die Kreuzzug-Tendenz des traditionellen Christentums wird hier durch die unbedingte Friedfertigkeit des Buddhismus gelindert. Umgekehrt entwickelt der Buddhismus einen Zugang zu einem Verständnis des Wesens des Ich, das in diesem nicht nur ein zu überwindendes Übel sähe – ein Zugang, der Buddha vorher gefehlt haben mag.

3 Siehe dazu u.a.: Hans Paul Fiechter: *Das Rätsel Kafka. Erkundungen im Schacht von Babel.* Verlag Urachhaus, Stuttgart 1999, S. 143ff., sowie: Andreas Laudert: *Erfüllte Schrift. Das Wort zwischen Geist und Materie.* Verlag Urachhaus, Stuttgart 2009, S. 106ff.

4 Malcolm Pasley: *Die Schrift ist unveränderlich ...* Fischer Taschenbuch Verlag, Frankfurt 1995, S. 85ff.

5 in: Thomas Meyer: *Ludwig Polzer-Hoditz – Ein Europäer.* Perseus Verlag, Basel 1994, S. 194.

6 Fiechter, *Das Rätsel Kafka,* S. 97ff.

7 Rudolf Steiner: *Die spirituellen Hintergründe der äußeren Welt – Der Sturz der Geister der Finsternis.* 5. Vortrag, 7. Oktober 1917 (GA 177). Dornach [5]1999.

8 Zu den Ritualtexten der Christengemeinschaft grundsätzlich noch zu Sagendes würde hier den Rahmen sprengen. – Dazu und zu Kafka allgemein siehe A.L., *Erfüllte Schrift.*

9 Vortrag in Dornach vom 19.10.1918, in: *Geschichtliche Symptomatologie* (GA 185). Dornach [3]1982.

10 Vortrag in Berlin, 16.12.1915, »Fichtes Geist mitten unter uns«.

11 Dmitri Mereschkowski: *Napoleon. Sein Leben, Napoleon der Mensch.* Droemer Knaur, München 1974. – Äußerungen Madame de Staels zitiert nach Mereschkowski.

12 *Das Rätsel Napoleon.* Verlag Die Kommenden, Freiburg 1965.

13 Jener »Bau der chinesischen Mauer«, das Prosastück, in welches »Eine
kaiserliche Botschaft« eingefügt ist, kann auch als Metapher für die teils
freiwillige, teils befohlene Hingabe eines Volks an das große Unterneh-
men eines *Krieges* gelesen werden. Die Erzählung thematisiert – nicht als
einzige Kafkas – das Kaisertum. Die folgende Passage ließe sich auch als
allumfassende identitätsstiftende Mobilmachung rezipieren, bei welcher
für die wiederum nächste Schlacht neuer Nachschub an jungen Soldaten und Freiwilligen rekrutiert wird. Der Sinn des Krieges muss von der
»Führerschaft« – Kafka beschreibt die Bauherren wie verschiedene Ränge
im Militär – entsprechend überhöht werden, damit, wer an einen Teil-
Stützpunkt fern der Heimat zerstreut oder bei einem Feldzug eingesetzt
wird, genügend Ausdauer und Disziplin aufbringt und konzentriert bei
seiner Aufgabe bleibt:
So konnte man »weit über ihrer äußerlich kleinen Aufgabe stehenden
Männer ... nicht z.B. in einer unbewohnten Gebirgsgegend, hunderte
Meilen von ihrer Heimat, monate- oder gar jahrelang Mauerstein an Mauerstein fügen lassen; die Hoffnungslosigkeit solcher fleißigen aber selbst
in einem langen Menschenleben nicht zum Ziel führenden Arbeit hätte
sie verzweifelt und vor allem wertloser für die Arbeit gemacht. Deshalb
wählte man das System des Teilbaus ... dann waren zwar die Führer in
der Regel zu Tode erschöpft, hatten alles Zutrauen zu sich, zum Bau, zur
Welt verloren, wurden aber, während sie noch im Hochgefühl des Verei-
nigungsfestes der tausend Meter Mauer standen, weit, weit verschickt, sahen auf der Reise hie und da fertige Mauerteile ragen, kamen an Quartie-
ren höherer Führer vorüber, die sie mit Ehrenzeichen beschenkten, hörten
den Jubel neuer Arbeitsheere, die aus der Tiefe der Lände herbeiströmten
... das ruhige Leben in der Heimat, in der sie einige Zeit verbrachten,
kräftigte sie, das Ansehen, in dem alle Bauenden standen ... das Vertrau-
en, das der einfache stille Bürger in die einstige Vollendung der Mauer
setzte, alles dieses spannte die Saiten der Seele, wie ewig hoffende Kinder
nahmen sie von der Heimat Abschied, die Lust wieder am Volkswerk zu
arbeiten wurde unbezwinglich, sie reisten früher von zuhause fort als es
nötig gewesen wäre, das halbe Dorf begleitete sie Strecken weit, auf allen
Wegen Grüße, Wimpel und Fahnen ... Einheit! Einheit! Brust an Brust,
ein Reigen des Volkes, Blut, nicht mehr eingesperrt im kärglichen Kreis-
lauf des Körpers, sondern süß rollend und doch wiederkehrend durch das
unendliche China.«
Im »Hochzeitsvorbereitungen«-Band (Taschenbuchausgabe S. 236) finden sich hintereinander zwei Fragmente, die das Kaiser-Motiv unabhängig

vom Land China aufgreifen. Die längere beschreibt einen »kaiserliche(n) Oberst« hinter seinem Schreibtisch – vor allem dessen unablässigen Blick –, der einen Bittsteller empfängt (»Warum dulden wir seine ... verhaßte Regierung? Es ist zweifellos: nur seines Blickes wegen.«). Das Ich hat den Eindruck, der Mann sähe mehr als nur ihn, »den für ein Weilchen aus der Menge aufgetauchten Unbekannten«. Der Blick sei »kein scharfer prüfender, sich einbohrender ... sondern es ist ein nachlässiger ... ununterbrochen begleitet von einem unbestimmten Lächeln, das bald Ironie, bald träumendes Erinnern zu sein scheint.« – Der Blick spielt bei Kafka oft eine Rolle. Nach seiner kleinen Privataudienz bei Rudolf Steiner hielt er im Tagebuch fest, dass dessen Blick einen immer zu halten versuche und man immerzu die Wiederkehr des Blicks fürchten müsse. – Das andere Fragment spricht von einem Mann, der »die göttliche Abstammung des Kaisers (bezweifelte)«. Er »bezweifelte nicht die göttliche Sendung des Kaisers, die war ihm sichtbar, nur die göttliche Abstammung bezweifelte er«.

14 Den okkult-physiologischen Vorgang beim Vergessen hat Pietro Archiati in einer Seminarmitschrift in folgenden Worten beschrieben: »Die Naturwissenschaft stellt sich das so vor, als ob ... das Vergessen darin bestünde, dass wir irgendwo einen Seelenkasten haben, wo das schon Gedachte da aufgehoben wird, und erinnern heißt dann, es aus dem Seelenkasten herausnehmen ... Nein, das haben wir vergessen. Das ist eine Abwandlung von essen, das haben wir gegessen, und zwar zu Ende gegessen, das heißt: es ist organisch geworden. Das Vergessene ist ein Organischgewordenes und das Erinnern heißt, die Organe mit Seelenkräften so abzutasten, dass es in die Innerlichkeit der Seele zurückgeholt wird. Das ist dann die Erinnerung. Also die Sprache ist sehr weise in diesen Wortprägungen: vergessen und erinnern. Es wird vergessen dadurch, dass es organisch-körperlich wird ... und es wird erinnert dadurch, dass es zurück in die Innerlichkeit der Seele geholt wird. Das Vergessen ist ein Körperlichmachen und das Erinnern ist ein Seelischmachen.«
(Pietro Archiati: *Der Kampf um die eigene Seele. Der Weg der inneren Entwicklung*. Nachschrift eines Wochenendseminars in Bad Liebenzell, 2.-6.1.2003. Archiati Verlag, Bad Liebenzell ³2005, S. 208f.)

15 Siehe dazu A.L.: »Die Symbolik der Sonne im Werk Franz Kafkas«, in: Jahrbuch der Sektion für Schöne Wissenschaften, Dornach 2006, und in: Flensburger Hefte 87. – Die These eines speziellen ägyptischen Schicksals-Hintergrundes Kafkas wird bei Fiechter entfaltet. Dem in Bezug auf *Napoleons* Ägypten-Affinität und dessen Ägypten-Feldzug 1798 nachzugehen, würde hier zu weit führen; es wäre eine eigene Studie.

16 R. Robertson: *Kafka – Judentum, Gesellschaft, Literatur.* Stuttgart 1988.

17 Die Germanistik ordnet die Begegnung Kafkas mit Steiner insgesamt hauptsächlich in das als anti-bürgerlich inszenierte Interesse der Prager intellektuellen Zirkel am Spiritismus ein. Siehe dazu u.a. den lesenswerten Beitrag von Andreas B. Kilcher: »Kafkas Spiritismus«, in: Schrift und Zeit in Franz Kafkas Oktavheften, hrsg. v. Caspar Battegay, Felix Christen und Wolfram Groddeck, Wallstein Verlag, Göttingen 2010, der Kafkas Ambition auf diesem Gebiet als poetologische darstellt. Es ginge bei Kafka »weniger um die genuinen Schreibweisen des Spiritismus« – z.B. um ein okkultes Lesen – als »um den Spiritismus *als* Schreibweise und damit um eine *Art* literarischer Geisterschrift«. – Zu anderen Aspekten dieses Gesprächs siehe aus anthroposophischer Sicht u.a. Fiechter und A.L., *Erfüllte Schrift* sowie A.L., »Franz Kafka und die Anthroposophie: Spiegel oder Spannungsverhältnis?«, in: Die Drei 10/2004.

18 Z.B. die in I. bereits erwähnte, von Brod »Eine alltägliche Verwirrung« betitelte Geschichte eines fehlgeschlagenen Geschäfts zwischen zwei Personen A und B. – Dazu und zum Motiv von Bote und Botschaft siehe auch: A.L.: *Würde.* Pforte Verlag, Dornach 2005, S. 46–70.

19 Siehe die von den Gedanken der Anthroposophie geprägten Publikationen zu Kaspar Hauser von J. Mayer und P. Tradowsky: *Kaspar Hauser. Das Kind von Europa.* Verlag Urachhaus, Stuttgart 1984.

20 Eckart Kleßmann: *Napoleon*, Deutscher Taschenbuch Verlag, München 2002.

21 Bernd Neumann hat in seiner dickleibigen, allerdings auch schwerverdaulichen Kafka-Biografie *Gesellschaftskrieger.* Wilhelm Fink Verlag, München 2008, diese Analogie Berlin Winter 1923/Moskau 1912 detailliert ausgereizt.

22 Alois Prinz: *Auf der Schwelle zum Glück. Die Lebensgeschichte Franz Kafkas.* Suhrkamp, Frankfurt 2007, S. 20f.

23 Auf persönliche und beim zweiten Lesen dennoch unpersönlich wirkende Weise hat Sebastian Gronbach in seinem Buch *Missionen.* Verlag Freies Geistesleben, Stuttgart 2008, seinen Zugang zum Thema dargestellt. Dabei werden Menschen als »Ausstülpungen des einen integralen Bewusstsein(s)« gedacht, als »Teilsystem(e)«, die »Zugriff auf den Hauptrechner« haben. Wenn wir uns laut Gronbach indes nicht mehr als individuelle Ich-Wesen inkarnieren, sondern, gleichsam in Worten der Wirtschaftssprache, nur »Teilhaber« sind eines abstrakten, leuchtreklamemäßig großgeschriebenen »SELBST« (*Missionen*, S. 216), wird auch der Begriff der individuellen Geschichte und der eigenen Erzählung aufgegeben und damit im Kern

alle Kunst und Literatur. Denn nur Menschen können etwas erleben und erleiden und nur Iche sich daran erinnern. Ihr Vorrecht ist, dass sie nicht nur zu einer Gattung zählen – auch nicht zur Gattung des »SELBST« – sondern *sich* erzählen. Gleich Schöpfungen aus dem Nichts vermögen sie sich außerhalb des trüben Rechners jederzeit neu zu erfinden.

24 *Das esoterische Christentum und die geistige Führung der Menschheit* (GA 130). Dornach [4]1995.

25 Übersetzung des Bekenntnis des Petrus (Markus 8) von Rudolf Steiner im Vortrag vom 7. März 1911 in Berlin, in: *Exkurse in das Gebiet des Markus-Evangeliums* (GA 124). Dornach [4]1995.

Andreas Laudert, geboren 1969 in Bingen/Rhein, studierte Szenisches Schreiben an der Universität der Künste Berlin und Theologie in Hamburg und Stuttgart. Er war als Deutschlehrer und in der Heilpädagogik tätig. Laudert veröffentlichte Essays, Prosa und Lyrik (Merlin Verlag) und erhielt 2001 den Georg K. Glaser-Förderpreis des SWR. Seine Stücke wurden u.a. am Deutschen Theater Göttingen, am Landestheater Tübingen und an den Berliner Sophiensälen aufgeführt. Im Verlag Urachhaus erschien 2009: *Erfüllte Schrift. Das Wort zwischen Geist und Materie.* – Er ist Priester der Christengemeinschaft und lebt als freier Autor mit Lebensgefährtin und Kind in Klingberg/Ostsee. Zuletzt erschien außerdem: *Abschied von der Gemeinde. Die anthroposophische Bewegung in uns* (Futurum Verlag Basel 2011).